Serie de Teoría Jurídica y Filosofía del Derecho N.º 63

¿Por qué la Constitución importa?

TUSHNET, Mark V., 1945-

¿Por qué la constitución importa? / Mark Tushnet; traducción Alberto
Supelano. – Bogotá: Universidad Externado de Colombia, 2012.

205 p.; 16 cm. – (Serie de Teoría Jurídica y Filosofía del Derecho; 63)
Incluye bibliografía.

ISBN: 978958710779 1

1. Estados Unidos. Corte Suprema de Justicia 2. Estados Unidos –
Derecho constitucional 3. Derecho constitucional I. Supelano, Alberto,
traductor II. Universidad Externado de Colombia III. Título IV. Serie

342.73   SCDD 15

Catalogación en la fuente – Universidad Externado de Colombia.
Biblioteca

Julio de 2013

MARK TUSHNET

¿Por qué la Constitución importa?

ALBERTO SUPELANO
Traductor

Universidad Externado de Colombia

Serie orientada por Carlos Bernal Pulido

ISBN 978-958-710-779-1
e-ISBN 978-958-710-929-0

©   2012, 2010, MARK TUSHNET
©   2012, ALBERTO SUPELANO (TRAD.)
©   2010, YALE UNIVERSITY PRESS
©   2012, UNIVERSIDAD EXTERNADO DE COLOMBIA
    Calle 12 n.º 1-17 este, Bogotá
    Tel. (57-1) 342 0288
    publicaciones@uexternado.edu.co
    www.uexternado.edu.co

Primera edición en castellano: abril de 2012

Título original: *Why the constitution matters*, London: Yale University
Press, 2004, 188 pp.

Ilustración de cubierta: *Firma de la Constitución americana, 1787*,
por Howard Chandler Christy, 1940
Composición: David Alba

CONTENIDO

AGRADECIMIENTOS

Agradezco a mi agente Sydelle Kramer por sugerirme este proyecto, y a Michael O'Malley de Yale University Press por apoyarlo. Francisco Michelman, L. Michael Seidman y Adrian Vermeule hicieron útiles comentarios a un borrador y me salvaron de algunos errores bochornosos.

INTRODUCCIÓN

¿Por qué la Constitución importa? Si usted compró este libro, es probable que ya tenga una respuesta a esta pregunta. Tal vez piense que la Constitución importa porque protege nuestros derechos fundamentales. La respuesta que doy aquí es diferente: la Constitución importa porque da estructura a nuestro proceso político. Y es que la fuente última –y a veces la inmediata– de cualquier protección que tengamos de nuestros derechos fundamentales no es la Constitución sino la política.

Esta es una breve presentación de las razones por las cuales su primera respuesta, relacionada con los derechos fundamentales, no es del todo correcta.

La gente no coincide en cuáles son nuestros derechos fundamentales, y nadie cree realmente que todo lo que la Corte Suprema dice sobre esos derechos es la última palabra. Algunas personas piensan que la Constitución garantiza a una mujer embarazada el derecho a abortar, otras no, y algunas piensan que el feto tiene un derecho constitucional a la vida que se debe hacer valer incluso en contra de la mujer. Algunas personas piensan que la Segunda Enmienda protege el derecho individual a poseer armas para protegernos por nosotros mismos; otras piensan que esta es una interpretación absurda

11

de esa enmienda, la cual se refiere explícitamente a una "milicia bien reglamentada", y que es una política socialmente desastrosa en algunas ciudades de nuestro país. En vista de estas diferencias, decir que la Constitución importa porque protege nuestros derechos fundamentales no nos dice nada.

Tampoco ayuda decir: "muy bien, tal vez la Constitución –las palabras escritas en los folletos que están a disposición de nuestros congresistas– no proteja nuestros derechos fundamentales, pero la Corte Suprema sí los protege cuando interpreta la Constitución". Después de todo, la Corte Suprema ha dicho que una mujer tiene el derecho constitucional a decidir si aborta y que la Segunda Enmienda protege nuestro derecho a poseer armas de fuego. Así es como la Constitución protege nuestros derechos básicos: a través de la interpretación constitucional de la Corte Suprema.

No obstante, en general las decisiones de la Corte Suprema no eliminan los desacuerdos que tenemos acerca de cuáles son nuestros derechos fundamentales. Aquí tengo que ser cuidadoso. A veces el simple hecho de que la Corte Suprema interprete la Constitución de una manera u otra afecta lo que la gente cree que la Constitución dice. Las personas situadas cerca del centro del espectro político, que no prestan mucha atención a la disposición constitucional que la Corte ha interpretado, pueden decirse: "¿Qué sé realmente de la Constitución? Ante todo, tengo predisposiciones o prejuicios desinformados sobre su significado. Pero si la Corte Suprema dice que eso es lo que significa, debe tener razón. Después de todo, los magistrados saben mucho más de la Constitución que yo". Sin embargo, en los temas más polémicos que trata la Corte –he usado el aborto y la Segunda Enmienda como ejemplos, pero hay un sinnúmero de ellos– mucha gente se preocupa bastante y mantiene firmes opiniones con respecto a cuáles son nuestros derechos fundamentales. Sus opiniones no van a cambiar simplemente por una decisión de la Corte Suprema o incluso por una serie de decisiones sobre el mismo tema. De hecho, algunas personas considerarán las decisiones de la Corte como una razón para modificar su composición eligiendo un presidente diferente que nombre otro tipo de magistrados. En otras palabras, usarán la política para tratar de cambiar la Corte Suprema y, por medio de la Corte, la interpretación dominante de la Constitución y, así, cambiar el contenido de los derechos fundamentales que hoy tenemos los estadounidenses. Como explica el segundo capítulo, los "derechos fundamentales" responden a la pregunta de por qué importa la Constitución solo si entendemos cómo afecta la política a la Corte Suprema.

Claro que usted puede estar contento porque la Corte Suprema está protegiendo los derechos fundamentales que a usted le gustan. Pero si sabe algo de historia constitucional, sabe que no siempre ha sido así. No es que la Corte Suprema por fin haya alcanzado gran "discernimiento" y nunca cambiará de opinión. Algún día, quizá muy pronto, empiece a proteger derechos que usted cree que no se debería proteger y deje de proteger los que a usted le gustan.

Si piensa que los asuntos que hoy más le preocupan serán mucho menos importantes en pocos años, no le importará. Tomará lo que tiene ahora y se irá contento. Pero debería admitir entonces que lo que importa no es la Constitución, ni siquiera la Corte Suprema, sino esta Corte Suprema particular.

Lo que dice la Corte Suprema acerca de cuáles son nuestros derechos depende en forma compleja de la situación política. Nadie piensa que los magistrados de la Corte Suprema leen los periódicos de la mañana o los blogs políticos para entender nuestra situación política y, por tanto, cómo deben interpretar la Constitución (por cierto, algunos magistrados han dicho, creíblemente, que no leen ningún periódico). Pero ellos son parte de nuestro sistema político. Llegan a la Corte porque un presidente cree que si pone en la Corte a esta persona en vez de esa otra favorecerá algunos de sus intereses políticos de corto y largo plazo. Según se dice, Abraham Lincoln afirmó: "no podemos preguntar a un hombre qué hará, y si se lo preguntáramos, y nos respondiese, lo despreciaríamos. Por ello debemos nombrar hombres cuyas opiniones sean conocidas". A veces los intereses políticos son realmente de corto plazo, como cuando Franklin Roosevelt nombró magistrados en quienes confiaba que votarían a favor de sus programas del New Deal. A veces los intereses políticos son de más largo plazo, como cuando Ronald Reagan trató de nombrar magistrados que desarrollarían y articularían a lo largo de su carrera una visión constitucional que seguiría afectando la política nacional mucho después de dejar la presidencia. Los senadores votan a favor o en contra de un candidato por razones políticas similares.

Como muestran estos ejemplos, el presidente es un jugador esencial a la hora de determinar la visión de los derechos fundamentales que adoptará la Corte Suprema. La mayoría de las veces los presidentes dejan la Corte tal como la encuentran, porque hay otras cosas que les importan más: por ejemplo, la economía nacional y la política de salud para Bill Clinton. La transformación de la Corte Suprema gastaría mucho el capital político de un presidente, en particular si la Corte no objeta fuertemente sus fallos recientes. Pero a veces un presidente decide que la transformación de la Corte es un proyecto central de su administración. El éxito de esa campaña depende de que haya suficientes vacantes en la Corte Suprema durante su periodo presidencial y de eventos en otras partes del sistema político, en particular, de que el Senado esté claramente en manos de los aliados del presidente o suficientemente dividido para que los senadores del partido de oposición decidan gastar *su* capital político en una dura lucha contra una nominación transformadora.

Detrás del presidente y los senadores está, por supuesto, el pueblo estadounidense. El hecho de si participamos y cómo participamos en el proceso político es lo que establece las condiciones en las que actúan nuestros políticos y de este modo las condiciones para que actúe la Corte. A veces los magistrados cambian de opinión debido a grandes cambios sociales. Creo que esto es raro, pero casi con certeza explica el cambio de opinión de la Corte sobre el estatus constitucional de las mujeres, los gays y las lesbianas. Ningún presidente ha nombrado a alguien en la Corte por sus opiniones sobre esos temas, y es casi seguro que algunos magistrados eran indiferentes a los argumentos constitucionales expuestos a favor de las mujeres, los gays y las lesbianas en la época en que fueron nombrados[1]. Sin embargo, cuando la sociedad cambió, debido en parte a las movilizaciones políticas por y en nombre de esas comunidades, también cambiaron las opiniones de algunos magistrados.

Aquí, el proceso político también estructura a la Corte Suprema, y así es como la Constitución importa para nuestros derechos fundamentales.

Algunas de las cosas que muchos creemos que son fundamentales en nuestras políticas nacionales son un resultado de la legislación y no de las interpretaciones de la Corte Suprema acerca de la Declaración de Derechos. Los juristas recientemente han puesto atención a lo que se puede llamar "La Constitución fuera de la Constitución". Quizá deberíamos reservar el término en mayúsculas para las palabras escritas en el documento que se exhibe en los Archivos Nacionales. Pero la idea de una constitución fuera de la Consti-

---

[1] La magistrada Ruth Bader Ginsburg fue nombrada en parte por su historia como defensora de los derechos de la mujer, pero en la época de su nombramiento ya había ocurrido la mayor parte de la transformación constitucional de los derechos de la mujer, aunque no toda.

tución parece esencial para entender nuestro sistema constitucional. Consideremos la seguridad social. Revocar la Ley de Seguridad Social básica sería casi con certeza más difícil que reformar la Constitución. En otras palabras, la Ley de Seguridad Social está tan profundamente arraigada en nuestro orden político como cualquier parte de la Constitución escrita. Por esa razón, y debido a su importancia social, la Ley se debería considerar "constitucional".

Para determinar qué está en la constitución fuera de la Constitución se necesita una valoración cuidadosa, y la lista debería ser razonablemente breve. Además, existen complejidades para determinar exactamente qué significa incluir algo en esa lista. Por una parte, no puede significar que el Congreso es incapaz de modificar los términos de una ley que es parte de la constitución fuera de la Constitución. Seguramente puede reformar los detalles de la Ley de Seguridad Social, por ejemplo, y lo ha hecho, no siempre para ampliar su cobertura. Necesitamos tener algún concepto de reforma permisible que podamos usar para distinguirla de una derogación a gran escala. Y no puede significar que una corte pueda invalidar justificadamente una ley porque es en cierta medida incongruente con la Ley de Seguridad Social. No obstante, sin importar cómo desarrollemos la idea, tendremos algunos esquemas legislativos en la lista. Mis candidatos incluyen la red de seguridad social general del estado de bienestar moderno, la estructura básica del derecho ambiental moderno y las disposiciones básicas de nuestras leyes de derechos civiles.

Mi siguiente punto debería ser obvio, pero permítanme ser explícito: la constitución fuera de la Constitución consiste en *leyes* promulgadas por el Congreso. Estas leyes son resultado de nuestra política. Así, la Constitución es de nuevo importante porque proporciona la estructura mediante la cual actuamos políticamente para lograr que nuestros representantes promulguen leyes que llegarán a ser parte de la constitución fuera de la Constitución.

Más allá de todo esto, son realmente importantes algunos aspectos relacionados con la forma en que nos organizamos como sociedad y que políticamente damos por sentados pero que no podemos asociar fácilmente con la Constitución escrita. Por ejemplo, no esperamos que un presidente que actúa como comandante en jefe de a las fuerzas militares la orden de suprimir a sus adversarios políticos, y al mismo tiempo esperamos que los oficiales del ejército hagan lo que sus jefes civiles les dicen que hagan. Podemos esforzarnos en ubicar en la Constitución escrita estas proposiciones que damos por sentadas –por ejemplo, podemos ver algunas partes de la idea del control civil del ejército en la disposición que prohíbe que los miembros del congreso desempeñen cargos en la rama ejecutiva– pero lo que podemos encontrar no parece concordar bien con la importancia de los supuestos en nuestro sistema constitucional general.

Otra implicación: la Constitución escrita ni siquiera proporciona el marco dentro del cual argumentamos acerca de cuáles derechos son fundamentales. "¿Dónde se ve mencionado en los Archivos Nacionales ese derecho?" no es un buen argumento contra la pretensión de que un derecho es fundamental, y no solo porque la Corte Suprema (controversialmente) ha reconocido derechos "no enumerados", es decir, derechos que no se mencionan en el texto constitucional. No es un buen argumento porque algunos de nuestros derechos fundamentales son el resultado de la aprobación de leyes importantes –fundamentales– en el Congreso.

Muchas de las cosas que la mayoría de los estadounidenses piensan que son nuestras políticas más importantes son el resultado directo de decisiones políticas, y la Corte Suprema tiene poco que decir sobre ellas. Poco antes de las elecciones de 2008, el pueblo estadounidense estaba preocupado por la economía, la atención de la salud, las guerras en Irak y Afganistán, la educación y los impuestos. En 2009 la lista era casi idéntica, y la inmigración se consideraba un poco más importante que unos meses antes. ¿Qué dice la Constitución sobre estos asuntos? La pregunta es necesaria para que entendamos por qué –y, más importante, cómo– importa la Constitución.

Si creemos que la Constitución solo importa en los casos resueltos por la Corte Suprema, no pensaremos que la Constitución importa en los asuntos que más nos preocupan. Esa puede ser una de las razones por las que, pese a los mejores esfuerzos de algunos grupos de presión, ningún candidato a la presidencia de la época moderna haya logrado que el público se interese mucho en sus candidatos a la Corte Suprema, o en los de su rival. Quizá algunas

medidas que la administración Obama ha adoptado
para tratar la economía, o algunos componentes del
plan de atención a la salud que desarrolla, planteen
cuestiones constitucionales que lleguen a la Corte
Suprema. Pero sean cuales fueren esas cuestiones –y
podría no haber ninguna– solo las tratará como asuntos
periféricos de los programas de la administración.
Incluso las decisiones de la Corte Suprema sobre los
derechos de las personas detenidas en Guantánamo
solo tienen una ligera conexión con los esfuerzos de
la nación por combatir el terrorismo: el despliegue
de fuerzas armadas en el extranjero, las operaciones
clandestinas y las investigaciones de no ciudadanos en
el extranjero son seguramente más importantes para
el éxito de esos esfuerzos que si hay un juicio público
sobre el estatus de un puñado de detenidos donde
la admisibilidad de testigos de oídas es limitada: el
asunto que estaba en juego en la más importante de
las decisiones de la Corte Suprema.

Creo que aquí es conveniente hacer una pausa.
Empecé esta introducción diciendo que la respuesta
de "derechos fundamentales" a la pregunta "¿Por
qué importa la Constitución?" no es del todo correcta.
Mucho de lo que he escrito hasta ahora, y buena parte
del primer capítulo, intenta desmitificar la idea de
que la Constitución importa porque protege nuestros
derechos fundamentales. Pero la desmitificación no
se debería llevar muy lejos. El adverbio *muy* es importante. Muchos de los ejemplos de la introducción
reconocen que la respuesta atinente a los "derechos
fundamentales" es relevante, pero no lo suficiente

para dar una plena explicación de la importancia de la Constitución. Si usted une todos los reconocimientos, obtendrá algo como esto: la Constitución importa porque simboliza el compromiso de nuestra cultura política con la idea de que tenemos derechos fundamentales. Eso no nos dice nada respecto de cuáles son esos derechos fundamentales o cómo son protegidos, pero sí nos dice que la protección de los derechos fundamentales es importante para nosotros.

Lo que necesitamos saber es por qué y cómo importa la Constitución en los asuntos que más nos preocupan, los cuales incluyen pero no se limitan a la protección de nuestros derechos fundamentales, sean cuales fueren. Sabemos por qué importan las elecciones: nombran en el cargo a los políticos que formularán las políticas que más nos importan. Si la Constitución importa, es porque tiene algo que ver con la política y las elecciones.

¿Qué puede ser eso? Debemos empezar dando uno o dos pasos atrás. Obviamente, la política en Estados Unidos es una política partidista, guiada por los dos principales partidos políticos, con intervenciones ocasionales de movimientos sociales organizados en "sociedad civil" por fuera de la estructura de los partidos. Notablemente, sin embargo, la Constitución no dice nada explícito de los partidos políticos. Como veremos en el primer capítulo, los redactores de la Constitución pensaban que los partidos políticos organizados nacionalmente ejercerían una influencia perniciosa en la política pública e hicieron lo que pudieron –no lo suficiente, según resultó– para impedir el desarrollo de tales partidos. Más recientemente, la Corte Suprema ha establecido que la protección de la libertad de expresión y de reunión en la Constitución impone límites a la capacidad de las legislaturas para prescribir las reglas por las cuales se organizan los partidos políticos a nivel estatal y nacional. Pero, de nuevo, estas intervenciones han sido relativamente modestas, aunque una, como veremos, tiene implicaciones para los esfuerzos recientes por atenuar la polarización de los partidos que no refleje las opiniones menos polarizadas del público en general. Aquí, también es valioso desmitificar las pretensiones sobre la importancia de las decisiones de la Corte Suprema, aunque algo se mantiene incluso después de la desmitificación.

Así, los asuntos que nos preocupan son decididos por la política y no por la Constitución; la política es guiada por partidos políticos que en sí mismos no son reconocidos en la Constitución. ¿Cómo puede importar la Constitución? Básicamente, porque crea la estructura dentro de la cual funcionan nuestros partidos. Estados Unidos tiene un sistema en el que el presidente y los miembros del Congreso son elegidos por separado, a diferencia de sistemas parlamentarios en los que el primer ministro es escogido por funcionarios del partido elegidos. Tiene un sistema federal en el que los partidos políticos se organizan a nivel estatal, y los partidos políticos estatales unen fuerzas para las campañas presidenciales, después de las cuales retornan a su enfoque local. En suma, la Constitución importa porque los partidos políticos importan, y la Constitución tiene alguna influencia en la forma en que operan los partidos.

En todo caso, la influencia es reducida. La organización de los partidos políticos cambió recientemente: los presidentes son ahora más efectivos para sostener un partido político de nivel nacional que imparta orientaciones a sus miembros en el Congreso; más efectivos, pero no totalmente. Los partidos de nivel nacional se han vuelto más coherentes ideológicamente, menos organizados como coaliciones de partidos locales con preocupaciones e intereses ideológicos variados y más como partidos con cuyos programas está comprometido cada miembro a todo nivel: local, estatal, en la Cámara de Representantes y en el Senado. Esto ha ocurrido, a su vez, debido en parte a la mayor atención que los dirigentes del partido nacional prestan al reclutamiento de candidatos en las contiendas para el Congreso y el Senado. Estos cambios son el resultado de decisiones políticas de los políticos, respecto de las cuales la Constitución tiene poco que decir[2].

He aquí un ejemplo breve de cómo –y cuán poco– afecta la Constitución a la política y, por tanto, de cómo afecta a las políticas que más importan a muchos de nosotros. Después de las elecciones de 2008, la sabiduría convencional en Washington era que no se podían adoptar iniciativas de política importantes a menos que

---

[2] Excepto en las interpretaciones de la Corte que han permitido que los políticos nacionales amplíen el poder nacional. Aquí también la historia es principalmente la de las decisiones de los políticos respaldadas en definitiva por las cortes.

tuvieran el respaldo de sesenta senadores, y que era muy difícil obtener ese respaldo. La razón para exigir sesenta senadores era la regla filibustera del Senado que permite continuar el debate de cualquier asunto –con una excepción importante– sin límite de tiempo, a no ser que sesenta senadores voten para limitar el debate. Y la razón para la dificultad de recortar el debate era la creciente coherencia ideológica dentro de la minoría republicana, ilustrada por la decisión del Senador de Pennsylvania Arlen Specter de pasar del partido Republicano al partido Demócrata.

La regla filibustera tiene alguna conexión con la Constitución, aunque tenue. Las reglas del Senado permiten un debate ilimitado, excepto en la promulgación final del presupuesto nacional; esto permite agrupar algunas iniciativas políticas como parte de esta solución de "reconciliación" sin la necesidad de sesenta votos. En cambio, la Cámara de Representantes controla estrictamente el debate de acuerdo con "reglas" prescritas por el Comité de Reglas de la Cámara[3]. La Constitución "explica" esta diferencia, porque da a cada cámara la facultad para expedir sus propias reglas[4].

---

[3] Esa facultad, que de nuevo proviene de la facultad constitucional de la Cámara para fijar sus reglas, puede permitir e históricamente ha permitido, que el Comité de Reglas bloquee la consideración de propuestas legislativas en la Cámara, en su mayoría propuestas liberales en los años cincuenta.

[4] Es muy difícil imaginar un sistema factible en el que tuviéramos dos cámaras legislativas y un presidente elegido por separado,

Cuando los partidos eran ideológicamente diversos, la regla filibustera por sí sola no tenía importancia general (y no la tuvo durante mucho tiempo excepto en la legislación de derechos civiles). Los demócratas liberales del norte podían contar con el apoyo de algunos aliados republicanos del nordeste en algunos asuntos, pero esos republicanos se unían a los republicanos conservadores del oeste en otros asuntos, y de modo similar con republicanos conservadores y demócratas conservadores del sur. El efecto era que cada bando tenía recelo de amenazar con intervenciones obstruccionistas, por temor a indisponer a los miembros del otro partido que podían ser necesarios en algunos asuntos (excepto en el tema específico de derechos civiles, en relación con el cual los senadores segregacionistas del sur podían contar a lo sumo con un tibio apoyo de muchos senadores republicanos). Estos temores disminuyeron cuando los partidos se volvieron ideológicamente coherentes. Para exagerar un poco: si ningún senador republicano votará por una iniciativa demócrata en ningún caso, entonces ¿por qué preocuparse si se molestan los demócratas por el uso de tácticas filibusteras? Como veremos, es difícil

---

y reglas para las cámaras legislativas establecidas por algún otro mecanismo. Es evidente la posibilidad de parálisis si las reglas de una cámara tuvieran que ser aprobadas por la otra o si las reglas de ambas cámaras tuvieran que ser convertidas en leyes por el presidente. Hay leyes que establecen reglas internas, pero no es claro qué tan importantes son o incluso si las disposiciones se cumplirían en casos en los que puedan ser importantes.

descubrir el papel de la Constitución en el aumento de la coherencia ideológica partidista. Su contribución principal puede ser sorpresiva: los desarrollos de la sociedad y la economía han estimulado el flujo del poder para hacer política al gobierno nacional. Esos desarrollos han sido facilitados por la Constitución y permitidos por la Corte Suprema. A medida que el gobierno nacional ha cobrado creciente importancia en la formulación de políticas, los partidos políticos y especialmente los presidentes han considerado políticamente ventajoso desarrollar plataformas de partido coherentes, con las cuales esté comprometido cada funcionario.

Buena parte de los párrafos anteriores parecen más de ciencia política que de Derecho Constitucional. Esto es así porque los aspectos más importantes del Derecho Constitucional tienen que ver con la política; no, como les gusta decir a algunos políticos que critican a la Corte Suprema, porque los magistrados simplemente traduzcan sus preferencias políticas en Derecho Constitucional, sino porque la Constitución estructura el marco para nuestra política. Este libro muestra cómo lo hace. El primer capítulo examina de qué manera la Constitución proporciona la estructura para nuestro sistema de partidos, su relación con los desarrollos modernos en la organización de los partidos y los aspectos relativamente menores en los cuales la doctrina constitucional influye en esa organización. El segundo capítulo examina la Corte Suprema, centrándose en *su* relación con los partidos políticos: por qué los políticos consideran útil el control de constitucionalidad y cómo es afectada la Corte Suprema por los movimientos sociales que afectan a los partidos políticos.

Desde el comienzo debo subrayar que casi todo lo que digo aquí es la sabiduría convencional entre los académicos –incluso entre los juristas– que estudian la Constitución, aunque entre nosotros los abogados académicos no enseñen mucho de lo que escribo en este libro en los cursos de Derecho Constitucional en las facultades de Derecho. Se podría ver como si pensáramos que la respuesta atinente a "derechos fundamentales" a la pregunta es la correcta, pero eso se debe a que las personas suelen interrogarnos sobre la Constitución con respecto a una controversia actual o a un caso que la Corte Suprema acaba de decidir. Es engañosa esa impresión acerca de lo que piensan los constitucionalistas que es importante. Las disposiciones constitucionales que ayudan a definir nuestra política, las disposiciones que importan, solo se pueden modificar en circunstancias muy especiales; nunca en litigio, y solo una o dos veces en cada generación, por medio de la misma política.

La pregunta real no es, entonces, *por qué* importa la Constitución sino *de qué manera* importa. La Constitución importa porque la política importa. La Constitución afecta la política de muchas maneras, muchas de ellas indirectas, y no debemos sobrestimar su importancia.

CAPÍTULO UNO
¿DE QUÉ MANERA IMPORTA LA CONSTITUCIÓN?

LA CONSTITUCIÓN Y LA POLÍTICA NACIONAL

¿Qué se necesita para que usted consiga la política nacional de atención de la salud que desea? Lo primero que viene a la mente es que el Congreso la apruebe y el presidente la firme[1]. Por supuesto, después de que eso ocurra la Corte Suprema debe declarar la constitucionalidad de la ley. Cuando lo hace –y, en general, lo hará– la Corte debe tomar dos decisiones. Tiene que decir que la ley está dentro de las facultades que la Constitución otorga al gobierno nacional y que no viola ningún derecho protegido por la Constitución. Por razones que examinamos más adelante, es muy poco probable que la Corte Suprema del siglo XXI encuentre que la política de atención de la salud está por fuera de las facultades constitucionales del

---

[1] Es difícil imaginar que pueda conseguir que la Corte Suprema declare que usted tiene el derecho constitucional a la política de atención de la salud que desea. La Constitución importaría *realmente*, y mucho, si esa fuera una posibilidad realista, pero no lo es; lo cual es otra forma de decir que la Constitución importa menos de lo que usted podría pensar.

gobierno nacional. Y aunque podría declarar inconstitucionales algunos detalles legislativos porque violan derechos fundamentales, hay muchas posibilidades de que esos detalles no tengan mucho que ver con los elementos básicos de la política que el Congreso y el presidente aprobaron[2].

Si las políticas importantes –las que según las encuestas preocupan más al público– deben ser promulgadas por el Congreso, ¿por qué es importante la Constitución? Es claro que la Constitución *crea* el Congreso y la presidencia. Exige que hagamos elecciones para la Cámara y el Senado, aunque no para la presidencia[3]. Y, muy importante, el presidente es elegido con independencia de los senadores y miembros de la Cámara de Representantes. Los senadores y los representantes son elegidos en los estados y distritos

---

[2] Una salvedad importante: algo que puede parecer un detalle puede ser una pieza clave, una característica esencial para el funcionamiento efectivo de la ley, aunque un no especialista –como un juez– no entienda su importancia. La invalidación de tal disposición podría ser muy importante, y un juez sofisticado que deseara invalidar *efectivamente* la ley podría invalidarla escudriñando uno de esos detalles esenciales.

[3] Votamos por "electores" presidenciales, aquellos cuyos votos realmente cuentan. Por supuesto, por tradición los electores hoy están comprometidos a votar por candidatos específicos. Aunque esa es una tradición y no algo exigido por la Constitución. Tampoco lo es la llamada regla de la unidad, según la cual todos los votos de los electores de un Estado se trasladan a la persona que gana la mayoría relativa del voto popular en ese Estado. La "regla de la unidad" es impuesta por leyes estatales (a excepción de Nebraska y Maine) y no por la Constitución.

de los estados, mientras que el presidente es elegido en elecciones nacionales. Una política aprobada por una mayoría del Senado puede no ser aprobada por la Cámara, o por el presidente, porque los electores difieren. De hecho, las reglas del Senado sobre el "debate interminable" –filibusteras– significan que una propuesta que tiene el apoyo de la mayoría en el Senado puede no prevalecer en ese órgano. La Constitución da a los estados pequeños más poder de voto en el Senado del que justifica su población (o cualquier otra razón que alguien pueda mencionar), garantizando que cada estado, sin importar cuán pequeño o cuán grande, tenga dos senadores. Y si el presidente está en desacuerdo con la Cámara y el Senado, puede impedir que la propuesta se convierta en ley, mediante el veto. El Congreso puede anular el veto del presidente únicamente si logra el acuerdo de dos terceras partes de los miembros de cada cámara.

La Constitución obviamente importa en la creación de estas instituciones. Si tuviéramos un sistema parlamentario en el que el presidente solo pudiera continuar en el cargo con el apoyo de la mayoría del Congreso, *obtendríamos* resultados políticos diferentes[4]. Las características "inmodificables" de nuestro sistema constitucional son tan obvias que

---

[4] Aunque no necesariamente: quizá encontraríamos el modo de expresar las preferencias políticas subyacentes que tenemos por medio de la política asociada a un sistema parlamentario, siguiendo caminos diferentes y superando obstáculos diferentes.

nadie piensa mucho en ellas cuando preguntamos por qué importa la Constitución. Usted lee sobre ellas en los libros de periodistas políticos y de politólogos, no en las columnas de los periodistas que escriben sobre el sistema jurídico ni en los libros de los profesores de "Derecho" constitucional. Y quizá con razón. Decir que son inmodificables significa que son muy resistentes al cambio. En su mayoría solo se pueden modificar mediante una reforma de la Constitución; y una de ellas, la disposición de la Constitución según la cual cada estado –sin importar cuán pequeño sea– debe tener el mismo número de senadores que cualquier otro –sin importar cuán grande sea– no se puede reformar en absoluto[5]. ¿Por qué gastar tiempo preocupándonos por características

---

Pero es razonable suponer que las estructuras políticas tienen *algunos* efectos sobre los resultados políticos.

[5] Entre los constitucionalistas existe una controversia peculiar acerca de si esta disposición impide la reforma de representación igualitaria en el Senado. ¿Podríamos reformar la Constitución para eliminar esta disposición, y luego reformar la Constitución para distribuir el Senado según la población? De ser así, ¿por qué no hacerlo en un solo paso?

Y si se pudiese en un solo paso, ¿por qué no simplemente distribuir el Senado según la población, con base en la teoría de que obrar así solo tiene sentido bajo el supuesto de que deseamos modificar la disposición protegiendo la igual representación contra una reforma? Es claro que todo esto es muy teórico porque no existe ninguna posibilidad de dicha reforma; y si llegara a ocurrir, quizá caracterizaríamos esos eventos como una revolución menor y no como una reforma realizada dentro del marco constitucional existente.

constitucionales respecto de las cuales seguramente no vamos a hacer nada?

Otra razón para dejar a un lado las características inmodificables es que pueden ser en realidad menos importantes de lo que parecen. La regla filibustera es una regla del Senado, y se puede modificar si así lo desean suficientes senadores; esa regla no está escrita en la Constitución. Y decir hoy que un estado es pequeño no nos dice mucho acerca de cómo van a votar sus senadores sobre cualquier cosa. Para el Wyoming republicano, hay el Rhode Island demócrata. Y, finalmente, recuerde que George W. Bush solo vetó uno de los proyectos que se le presentaron entre 2001 y comienzos de 2007[6]. El poder de veto del presidente puede moldear la legislación cuando los congresistas ajustan sus propuestas de política para asegurar que el presidente firme el proyecto cuando llega a su escritorio. Pero, más importante, el presidente no tiene que vetar la legislación si su partido tiene un firme control de una cámara del Congreso[7]. Lo que importa en primera instancia son los partidos políticos. La Constitución importa en la

---

[6] El proyecto habría dado apoyo federal a la investigación en células madre. El Congreso no logró anular el veto.

[7] Aunque el partido del presidente no controle el Congreso, él tiene una variedad de lo que terminaremos llamando "artilugios" para salirse con la suya: como firmar pronunciamientos en los que declare que interpretará la ley como elija, y muchas gracias.

medida en que afecta la estructura de partidos en el
Congreso y la presidencia.

Durante algunos años, a comienzos de este siglo,
tuvimos lo que los politólogos llaman un gobierno
unificado de partido. El Partido Republicano contro-
laba la presidencia y ambas cámaras del Congreso, y
ese partido estaba bastante unido ideológicamente.
Durante ese periodo nuestro sistema constitucional
de división de poderes funcionó de modo muy pa-
recido al de un sistema parlamentario. Lo que hace
diferente a nuestro sistema constitucional de un sistema parlamentario es la posibilidad de un gobierno
dividido, el cual puede surgir de diversas maneras. La
más evidente es la que experimentamos durante la
mayor parte de la presidencia de Bill Clinton: un presidente de un partido y ambas cámaras del Congreso
controladas por el otro partido. La imagen popular
es que el gobierno dividido produce estancamiento.
Los politólogos han mostrado que los resultados
del gobierno dividido son más complicados, porque
nuestros partidos políticos han sido coaliciones cuyos componentes han tenido ideologías variadas. A
mediados del siglo xx el Partido Demócrata era una
coalición de liberales urbanos del norte y de sureños
que eran conservadores en asuntos raciales y sociales
pero relativamente liberales en asuntos económicos, y
el Partido Republicano era una coalición de internacio-
nalistas orientados a los negocios que eran fiscalmente
conservadores y relativamente liberales en asuntos
raciales –republicanos del nordeste o rockefellerianos–
y aislacionistas del medio oeste que en general eran

más conservadores. Aun hoy existen "perros azules", demócratas cuya versión del conservatismo fiscal a veces entra en conflicto con las políticas del resto de la bancada del partido del Congreso.

Aquí vale la pena hacer una pausa para señalar que introduje otra característica estructural de nuestro sistema constitucional: el federalismo. No necesitamos una definición técnica del federalismo para entender que nuestra vida política ha estado organizada históricamente en torno al hecho de que los gobiernos estatales y locales hacen muchas de las cosas que más nos preocupan. Dan educación, influidos por políticas nacionales como la llamada "Ley para que ningún niño se quede atrás". Dan protección policial, con apoyo financiero del gobierno nacional y dentro de los límites establecidos por la Corte Suprema. Pavimentan las calles y construyen puentes, también con apoyo financiero federal. Los gobiernos estatales y locales son *importantes* para nosotros, y debido a ellos los políticos han organizado históricamente a nuestros partidos políticos en los niveles local y estatal: las "maquinarias" clásicas de Chicago, Nueva York y otras partes, que conocemos. Los desarrollos de nuestro gobierno nacional han reducido el papel de los partidos políticos estatales en nuestro sistema político, pero seguramente seguirán siendo importantes en la estructuración de nuestra política, así solo sea porque la Constitución dice que los senadores deben ser elegidos en los estados y los representantes en distritos dentro de los estados. En los partidos políticos estatales y locales es el escenario en el que los jóvenes políticos aprenden y atraen la atención de los dirigentes del partido que buscan "buenos" candidatos para postularlos a cargos más altos.

Los partidos políticos basados en los estados pueden producir un gobierno unificado o dividido. Un gobierno dividido no tiene que producir estancamiento cuando uno o ambos partidos son coaliciones ideológicas. Los dirigentes talentosos de los partidos, en particular un presidente talentoso, pueden idear políticas importantes que rebasen las líneas partidistas y atraigan algunos miembros de la oposición simbólica, y eso no divide sustancialmente al partido del presidente. El ejemplo más reciente de una política importante adoptada durante un periodo de gobierno dividido es la "Ley para que ningún niño se quede atrás". Otra manera de adoptar políticas durante un periodo de gobierno dividido es la pura iniciativa presidencial. La así llamada por Elena Kagan "administración presidencial", es una práctica que alude a las políticas escogidas por el presidente cuya aprobación no logra en el Congreso, pero que él impulsa porque la oposición en el Congreso no es suficientemente fuerte para bloquearlas. De acuerdo con Kagan, el Presidente Bill Clinton fue un pionero en el uso enérgico de la administración presidencial, pero George W. Bush puede haberla impulsado aún más con las iniciativas sobre la detención de prisioneros adoptadas en la "guerra contra el terrorismo" y sobre la vigilancia de las comunicaciones por teléfono y correo electrónico. Es notable que las cortes no intervinieran efectivamente para hundir estas iniciativas.

Aunque invalidaron políticas de la administración Bush, realmente no exigieron remedios efectivos, y permitieron que la administración dejara el manejo de los problemas a su sucesor[8].

Note cómo he desarrollado mi argumentación. Partiendo de la observación de que la Constitución creó un sistema de división de poderes, sostengo que la división de poderes en sí misma no es la fuerza motriz de las políticas que preocupan al pueblo estadounidense. En cambio, lo que importa es si el gobierno es unificado o está dividido, lo cual depende de los partidos políticos y de si son ideológicamente unificados o coaliciones ideológicas. Además, la manera como se organizan nuestros partidos políticos está ligada al hecho de que tenemos un sistema federal donde los gobiernos estatales y locales elaboran muchas de las políticas que las personas consideran más importantes para ellas.

Pero no importa qué tanto busque, no encontrará nada acerca de los partidos políticos en la Constitución y mucho menos sobre la estructura interna de los partidos[9]. La razón se halla en nuestra historia

---

[8] Durante la administración Bush no se liberó a ningún detenido obedeciendo una orden que exigiera esa liberación, aunque algunos detenidos fueron liberados después de negociaciones entre la fiscalía y la defensa u otros tratos a los que se llegó cuando las cortes dijeron que algo se tenía que hacer al respecto.

[9] Constituciones más modernas que la nuestra sí se refieren a los partidos políticos y a veces a su estructura interna. Algunas constituciones, por ejemplo, exigen que un legislador que

constitucional. Los redactores de la Constitución sabían
de partidos políticos, a los que llamaron "facciones",
y no les gustaban. Pensaban que los partidos necesariamente se dedicarían a intereses específicos –para
ellos, quizá intereses económicos locales importantes–
y no al interés de la nación en su conjunto. Hicieron
lo que pudieron para obstaculizar el desarrollo de
partidos políticos organizados a escala nacional. Lea
la disposición original sobre la elección del presidente. Los votantes votaban por los electores, como
aún lo hacemos. Esos electores luego se reunían por
separado en sus estados de origen y votaban por
dos candidatos, sin distinguir entre candidatos a la
presidencia y a la vicepresidencia. Los redactores
esperaban que los electores escogieran los candidatos
regionales predilectos o al menos favoritos, y que la
mayor parte de las veces ningún candidato tendría la
mayoría de los votos electorales. De ser así, la Cámara
de Representantes, en la que cada delegación estatal
emite un solo voto, escogería al presidente entre los
cinco primeros candidatos. Aquí lo más revelador
sea quizá el número "cinco": los redactores suponían
que a menudo habría cinco candidatos plausibles a la
presidencia, porque suponían que se formarían "facciones" locales o regionales pero no a escala nacional.

---

abandone su partido político ceda su escaño. Esto contrasta
con la práctica en Estados Unidos, donde Arlen Specter pudo
cambiar de partido sin consecuencias adversas inmediatas.

Se equivocaron, por supuesto. En una década, las diferencias entre Thomas Jefferson y John Adams produjeron acciones coordinadas por líderes políticos a lo largo de Estados Unidos que fueron los partidos políticos que esos mismos hombres temían cuando redactaron la Constitución. Las elecciones de 1800 mostraron que la Constitución original había sido mal diseñada para un mundo con partidos políticos. Los demócratas jeffersonianos repartieron en todo el país una tarjeta electoral con Jefferson como candidato a la presidencia y Aaron Burr como candidato a vicepresidente. Los jeffersonianos ganaron, pero no coordinaron muy bien sus acciones en el colegio electoral. Recordemos que los miembros del colegio electoral emiten sus votos por aparte en reuniones estatales, y en 1800 la comunicación con los miembros no era un asunto de enviarles un correo electrónico. Después de llegar los resultados del colegio electoral, Jefferson y Burr tenían exactamente el mismo número de votos. Eso trasladó la elección a la Cámara de Representantes, donde los candidatos federalistas John Adams y Charles Cotesworth Pinckney también estaban en la tarjeta. Burr se negó a retirarse de la contienda, y la Cámara enfrentó una grave crisis política. Ocho estados tenían mayoría jeffersoniana en sus delegaciones, seis tenían mayoría federalista, y dos estaban divididos uniformemente. El resultado: no hubo mayoría por Jefferson porque ocho no es la mayoría de dieciséis. Después de una semana de maniobras de pasillo, los federalistas de los dos estados divididos eligieron ser estadistas y votaron por Jefferson. De esta forma, le permitieron asumir el cargo.

Los redactores estaban equivocados al pensar que
habían diseñado una Constitución que impondría
obstáculos reales al desarrollo de partidos políticos
nacionales. Estaban equivocados también al pensar
que los partidos políticos nacionales iban a ser necesariamente "facciones", organizadas alrededor de plataformas políticas específicas y relativamente claras que
pondrían en práctica una vez estuvieran en el poder.
Los partidos políticos nacionales siempre han tenido
plataformas políticas, por supuesto. Pero la relación
entre sus plataformas y lo que sus dirigentes hacen una
vez son elegidos ha sido bastante laxa. Aquí han sido
importantes la división de poderes y el federalismo.
Los candidatos a la presidencia pueden pregonar las
plataformas del partido, pero para gobernar después
de ser elegidos deben lograr que los senadores y los
representantes las lleven a cabo. Debido a que los
miembros del Congreso son elegidos con dependencia
del presidente, a veces –e históricamente a menudo–
no están seriamente comprometidos con todas las
partes de la plataforma del partido nacional[10]. Aquí,
debido a que los artículos de las plataformas de los
partidos nacionales no siempre han sido ideológicamente coherentes. Para los demócratas, por ejemplo,

---

[10] El contraste con Gran Bretaña es instructivo. Allí los partidos
publican "manifiestos" electorales, que son esbozos serios de la
legislación que presentará el partido ganador. En Gran Bretaña
es un asunto de grave preocupación "constitucional" que el
dirigente de un partido no procure llevar a cabo algo incluido
en el manifiesto electoral.

algunos artículos han apelado a los liberales urbanos mientras que otros han apelado a los intereses de los agricultores del sur. El partido "se une" alrededor de la plataforma porque todos imaginan que tener un presidente demócrata es mejor que tener un presidente republicano, pero todos saben también que la lucha para promulgar los artículos de la plataforma continuará después de la elección.

A finales del siglo XX los dos principales partidos políticos nacionales se hicieron cada vez más coherentes ideológicamente y más polarizados, hasta tal punto que, según algunas medidas, el demócrata elegido más conservador es a veces más liberal que el republicano elegido más liberal. A veces los comentaristas explican la polarización de los partidos como un resultado de haber remplazado la selección del candidato por los "jefes" del partido por la selección del candidato en las primarias del partido, debido a que los electores en las primarias del partido tienden a ser los más comprometidos con las posiciones ideológicas que diferencian a su partido del otro. La elección por distritos también afecta la polarización de los partidos, porque las legislaturas pueden diseñar circunscripciones electorales dentro de los estados para que un partido sea dominante en ellas, con el efecto de que la elección primaria del partido determina quién va al Congreso. Es claro que hay algo en ese escenario, pero no es toda la historia, porque la polarización caracteriza tanto al Senado como a la Cámara de Representantes, y las circunscripciones de la Cámara no pueden afectar las elecciones al Senado.

La Constitución ha sido reformada desde 1800, pero las enmiendas posteriores no dicen nada sobre los partidos políticos[11]. Si los partidos políticos, como coaliciones o como agrupaciones ideológicamente unificadas y polarizadas, impulsan la adopción de las políticas que más nos preocupan, ¿la Constitución realmente importa? Puede que sí, si existe alguna conexión entre la Constitución y los partidos políticos a pesar de que no los mencione.

Y existen tales conexiones. Tres son especialmente importantes: el federalismo, la presidencia y la Primera Enmienda tal como la interpreta la Corte Suprema. El federalismo es importante porque históricamente los partidos políticos han sido organizados en los niveles locales y estatales, uniéndose solamente para elegir un presidente que ayude a repartir beneficios a sus seguidores en los estados y las ciudades. Esta característica de nuestra política ha interactuado en forma compleja con el flujo de poder hacia el gobierno nacional en el curso del siglo xx. El creciente poder nacional lleva a que el control partidista del gobierno nacional sea más importante de lo que solía ser, y de ese modo aumenta la importancia de los partidos organizados nacionalmente. Los cambios en la tecnología de la política, especialmente el recaudo de

---

[11] La Décima Segunda Enmienda, adoptada en 1804, resolvió el problema particular que creó Burr, exigiendo que los electores votaran por separado por un candidato presidencial y un candidato vicepresidencial. También redujo el número de candidatos entre quienes debía escoger la Cámara, de cinco a tres.

fondos por organizaciones nacionales que apoyan a los candidatos presidenciales, redujeron la importancia de los partidos políticos basados en los estados, pero aún tienen algunos efectos sobre la fortaleza de la coherencia ideológica de cada partido. La presidencia es importante porque los presidentes (y los candidatos presidenciales) pueden articular ideologías unificadoras más eficazmente que otros dirigentes políticos, y pueden formular e impulsar en el Congreso los programas políticos que dan identidad duradera a los partidos políticos. La Primera Enmienda, tal como la interpreta la Corte Suprema, importa –algo– porque limita la capacidad de los gobiernos para afectar la organización interna de los partidos, incluidos sus esfuerzos para lograr coherencia ideológica o tolerar divisiones dentro de un partido de coalición, y para regular la manera de financiar las elecciones.

EL FEDERALISMO Y LA POLÍTICA NACIONAL DE PARTIDOS

El federalismo importa porque es lo que mejor explica por qué tenemos un sistema bipartidista; aunque no porque la Constitución diga mucho sobre las elecciones estatales y locales o incluso sobre las elecciones al Congreso. La lista de disposiciones constitucionales que tratan expresamente esas elecciones es muy breve[12].

---

[12] Como veremos, la interpretación de la garantía de la libertad de expresión y de asociación de la Primera Enmienda afecta la forma en que los estados pueden regular a los partidos políticos.

– La Cláusula de "Garantía" dice: "Los Estados Unidos garantizarán a todo estado de esta Unión una forma republicana de gobierno". El significado preciso de la cláusula no es claro, y en 1848 la Corte Suprema dijo que no iba a interpretar la cláusula, una decisión que se ha mantenido asiduamente desde entonces. Sabemos que significa que los estados no pueden volver hereditarios los cargos del gobierno, y casi con certeza significa que los estados deben hacer elecciones populares para seleccionar suficientes funcionarios y asegurar el control popular sobre el gobierno. Pero un estado puede tener un gobernador elegido y un fiscal general por nombramiento, o una legislatura elegida y una junta de educación nombrada. Y las posibilidades para eliminar las elecciones en el nivel local parecen casi interminables.

– Varias enmiendas constitucionales dicen que *si* se hacen elecciones, no se puede excluir del voto a las personas por razones como la raza o el género o la falta de pago por el privilegio de votar (impuesto electoral); y la Corte Suprema ha interpretado la garantía constitucional de igual protección de las leyes de modo que impone restricciones más amplias a la capacidad de un estado para limitar el privilegio cuando utiliza las elecciones. Con todo, de nuevo, no hay ninguna exigencia constitucional fuente de

---

Y con alguna creatividad podemos añadir algunas disposiciones más a la lista, pero estas realmente no tienen efecto sobre la estructura de los partidos.

que los cargos estatales y locales sean previstos por medio de elecciones, y muchos cargos importantes en muchos estados no lo son.

– Los miembros de la Cámara de Representantes deben ser "elegidos cada dos años por el pueblo". La Constitución, adoptada en 1789, dispuso que los senadores, cuyo periodo es de seis años, serían elegidos por las legislaturas estatales. La Decimoséptima Enmienda, adoptada en 1913, la remplazó por elecciones populares directas para el Senado[13]. Ambas disposiciones permiten que los estados determinen las calificaciones de los votantes, sujetos a las exigencias de no discriminación que se acaban de mencionar.

– Los senadores se clasifican en tres "clases", y –a menos que haya una renuncia o una muerte– solo se elige un senador cuando un estado lleva a cabo elecciones para el Senado.

– La Constitución establece que los estados tienen la facultad para elegir "la época, el lugar y la manera de celebrar las elecciones para senadores y representantes", pero el Congreso "podrá formular o alterar esas reglas en cualquier momento por medio de una ley". La legislatura estatal puede decidir si elige a todos los representantes del estado en una sola elección estatal, usando la representación proporcional. Pero el Congreso la modificó y exige que

---

[13] Estas disposiciones están acompañadas de varias disposiciones técnicas sobre la manera de llenar los cargos que quedan vacantes por muerte o renuncia.

los estados usen circunscripciones electorales de un solo miembro[14].

– La Cámara y el Senado tienen la facultad para resolver las disputas sobre la elección a esos cuerpos legislativos.

Y eso es todo. ¿Qué tienen que ver estas disposiciones con nuestro sistema de partidos?

Una característica clave de ese sistema es que los partidos políticos realmente no tienen miembros. Usted es republicano o demócrata si vota consistentemente por los republicanos o los demócratas, y nada más. No tiene que pagar cuotas, ir a reuniones del partido, ayudar a diseñar la plataforma del partido o cualquier otra cosa. ¿Por qué tenemos partidos políticos? Principalmente porque tenemos gobiernos locales y estatales que proporcionan muchas cosas que la gente desea. Las personas se convierten en activistas políticos a nivel local para construir escuelas o reparar vías. Los políticos ambiciosos capitalizan esas preferencias políticas para obtener cargos y proponer las políticas que les gustan *a ellos*, o simplemente porque les gusta el poder y el respeto asociados a esos cargos, o para beneficiarse de lo que el político de la maquinaria del siglo XIX George Washington Plunkitt llamó "corrupción honesta": las ventajas

---

[14] La Corte Suprema ha dicho que estos distritos se deben delimitar de tal modo que la discrepancia con la estricta igualdad matemática sea lo más pequeña posible. Discuto otro tipo de manipulaciones electorales más adelante en este capítulo.

financieras asociadas a la capacidad para otorgar contratos del gobierno.

Históricamente, entonces, los partidos estadounidenses se organizaron en los niveles locales y estatales. Decir que alguien era demócrata realmente no decía mucho, porque se tenía que saber si era un demócrata de Alabama o un demócrata de Pensilvania, y aun así se necesitaba saber si provenía de Filadelfia o de Pittsburgh. ¿Por qué, entonces, tenemos partidos políticos nacionales? Principalmente porque el gobierno nacional puede proporcionar cosas a los políticos locales. En vez de elevar los impuestos locales para un programa de construcción de carreteras, los políticos pueden usar los ingresos tributarios nacionales. Pero para que esto suceda los políticos locales tienen que poder controlar o al menos influir fuertemente en los nacionales. Durante gran parte de nuestra historia esto era fácil. La Constitución original hizo transparente este tipo de control para los senadores, que eran elegidos por las legislaturas estatales. Incluso los miembros de la Cámara de Representantes eran seleccionados para cargos más altos trabajando con y para las organizaciones políticas locales.

La Constitución no menciona a los partidos políticos, pero las disposiciones que enuncié tienen algunos efectos sobre la forma en que están organizados los partidos. El más importante es que las circunscripciones de un solo miembro (que incluyen las elecciones al Senado) inducen a tener solo dos partidos, en especial cuando están ligadas a la regla de que quien reciba más votos en una circunscripción gana

aunque no haya recibido la mayoría absoluta de los
votos[15]. Si se eligen diez personas a la vez y ganan
los diez que obtienen más votos, un candidato podría
ganar con solo el 10 o el 15 por ciento de la votación
a menos que los partidos armen listas conjuntas y
los electores no dividan sus votos. De ese modo se
puede terminar con tres, cuatro o más partidos políticos en esas circunscripciones. Cuando hay solo
un cargo que ocupar y todo lo que se necesita para
ganar es conseguir más votos que cualquier otro, se
tiene, sin embargo, un fuerte incentivo para armar
una coalición razonablemente amplia, y atraer a los
electores del centro del espectro político. Básicamente,
en las circunscripciones de un solo miembro donde
las reglas dan todo al ganador solo dos candidatos
tienen la posibilidad real de ganar.

Las circunscripciones de un solo miembro con
reglas que dan todo al ganador inducen a tener dos
partidos en cada distrito, pero eso no explica por qué
no vemos partidos *diferentes* en cada circunscripción.
Una razón es la circunscripción estatal para las elecciones al Senado y para gobernador. Los dos partidos
que dominan esas elecciones tienen recursos –dinero,
personal, listas de simpatizantes– que pueden proporcionar a los candidatos al Congreso y a elecciones
estatales de menor nivel. Quizá más importante, los
partidos políticos proporcionan nombres de marca

---

[15] Los politólogos lo llaman "Ley de Duverger" porque el primero
en explicarlo fue el politólogo francés Maurice Duverger.

a los candidatos. Pensemos en los partidos políticos como franquicias hoteleras. Cuando alguien se lanza como demócrata, los votantes tienen una idea aproximada de la ubicación de esa persona en el espectro político, así como saben bastante bien lo que se van a obtener cuando van a un hotel Quality Inn en vez de un Motel 6. Históricamente, sin embargo, era solo una idea aproximada, porque los partidos de nivel estatal eran coaliciones de partidos locales, y lo que importaba a los demócratas del norte del estado de Nueva York podía ser diferente de lo que importaba a los demócratas de Brooklyn. La barra de desayunos en un hotel Quality Inn de Iowa puede ser más parecida a la barra de desayunos del Motel 6 de esa ciudad que a la de un hotel Quality Inn de Colorado. Como veremos, los desarrollos de finales del siglo xx llevaron a una mayor disciplina de partido, lo que mejoró la información que transmite el partido como nombre de marca.

Sin embargo, Quality Inn y Motel 6 son nombres de marca nacionales. Hay marcas regionales, pero tienden a tener porciones de mercado más pequeñas incluso dentro de sus regiones. Así sucede también con los partidos políticos nacionales. En el curso de la historia de Estados Unidos, el gobierno nacional ha acumulado el poder para hacer más cosas que preocupan a las personas. Por ello se preocupan más que antes por quién controla el gobierno nacional.

Cuando usted vota por un candidato republicano local, desea alguna seguridad de que los demás republicanos del Congreso, y el candidato republicano

a la presidencia, quieran llevar a cabo buena parte
de las políticas que su candidato local dice que se
esforzará por promulgar. Cuanto más poder tiene
el gobierno nacional mayor es la presión sobre los
partidos para que adopten una plataforma compartida entre regiones.

Esta dinámica afecta la creación de los partidos políticos nacionales –una presión estructural para tener
dos partidos y ventajas organizativas proporcionadas
por los nombres de marca– e históricamente produjo
partidos mayoritarios que eran coaliciones laxas. Y
las coaliciones se forman y se reforman trasladando
mayorías aun sin cambiar la etiqueta de partido.
Como cuando el líder de la mayoría del Senado en
los años cincuenta, Lyndon Johnson, un sureño, pudo
mantener a los demócratas del sur en coalición con
los demócratas urbanos más liberales por su dominio
del proceso legislativo, asegurando que todos los de
la coalición consiguieran algo y que ninguno perdiera
demasiado. Durante gran parte de los años setenta
los demócratas liberales de orientación nacional se
vieron bloqueados por una coalición de demócratas
conservadores del sur y republicanos conservadores.
A partir de esto podemos indicar una importante ge-
neralización. Durante buena parte de nuestra historia
tuvimos *efectivamente*, casi por necesidad, un gobierno dividido. Sin importar cuál fuera la orientación
ideológica del presidente, para lograr éxito tenía que
conseguir el apoyo de senadores y representantes de
ambos partidos.

El presidente y la política nacional de partidos

La discusión de cómo afecta el presidente las políticas que sigue la nación debido a su relación con los partidos políticos parece ser más un tema de un curso de Introducción al Gobierno Estadounidense que de Introducción al Derecho Constitucional. El federalismo y unas pocas disposiciones constitucionales tienen algo que ver con la estructura de nuestro sistema de partidos. El texto constitucional importa mucho menos para la presidencia y el sistema de partidos. Esto es así porque la conexión entre la Constitución y el papel del presidente en el proceso de formulación de políticas, en el que los partidos políticos juegan un gran papel, es bastante flexible; esto es algo que podemos ver señalando, de nuevo, que el papel del presidente en la formulación de políticas ha cambiado en el curso de nuestra historia, sin cambios relevantes en el texto de la Constitución. Quizá la disposición constitucional más importante aquí sea la Vigésima Segunda Enmienda, que limita el mandato presidencial a dos periodos de cuatro años. Esto da al presidente un límite de tiempo previsible para cual lograr cualquier cosa, y ayuda a definir los retos que debe superar un presidente que espera ser líder nacional.

Los politólogos nos han dado un poderoso instrumento conceptual para reflexionar sobre la presidencia. Ellos describen la historia política estadounidense como una sucesión de "regímenes", que entienden como arreglos de largo plazo que combinan compromisos programáticos –el desarrollo de una red de

seguridad social para Franklin Roosevelt y Lyndon
Johnson y la desregulación para Ronald Reagan– con
arreglos institucionales específicos. Cuando las cosas
marchan bien para un régimen, los programas y las
instituciones mantienen una relación simbiótica, y las
instituciones dan a los votantes razones para respaldar
los programas del régimen. Sin embargo, eventualmente, los regímenes se degeneran. Sus programas y
en particular sus instituciones desarrollan patologías.
Los programas se convierten en ideologías resistentes
a la adaptación cuando los hechos reales hacen dudar
si tiene sentido llevar adelante los programas. Las
instituciones se vuelven rígidas e interesadas en sí
mismas y a menudo corruptas en el sentido usual.
Los políticos talentosos y ambiciosos se destacan
por ofrecer al público una nueva visión de la política
pública; en suma, un nuevo régimen: "El cambio en
el que podemos creer", por ejemplo.

Podemos ver la importancia de estos regímenes
si consideramos los dos regímenes que dominaron
en siglo veinte.

El régimen New Deal/Great Society. Programáticamente, el régimen New Deal/Great Society estaba
comprometido con la ampliación del poder nacional
para asegurar la estabilidad económica, garantizar
la seguridad económica por medio de una red de
seguridad social, lograr la igualdad sustantiva entre
todos los ciudadanos mediante programas como la
acción afirmativa y proteger las libertades asociadas

con la autonomía personal[16]. Institucionalmente, el régimen creó las grandes burocracias de la nación, simbolizadas por la Administración de la Seguridad Social pero que se extendieron a todas las instituciones del estado administrativo moderno. Los programas del régimen crearon grupos de electores interesados en perpetuar las burocracias que proporcionaban los bienes: los grupos de interés que predominaban en la formulación de políticas en Washington a mediados de siglo. Los presidentes que construyeron este régimen pensaban que estos grupos de interés les ayudarían a superar la política de coaliciones del Partido Demócrata del Congreso. Los grupos de interés movilizarían a los electores para respaldar los programas de los presidentes, así se imponían a la bancada del partido en el Congreso.

El régimen *New Deal/Great Society* se degeneró, por supuesto. El compromiso programático con la seguridad económica se volvió cada vez más costoso, el compromiso con la igualdad sustantiva tropezó con la arraigada ambivalencia de los estadounidenses blancos con respecto a la igualdad racial, el compromiso con la libertad personal se empezó a asociar con las crecientes tasas de criminalidad y con prácticas como el aborto y el uso recreativo de drogas que pusieron nerviosos a muchos miembros de la clase

---

[16] La *Great Society* (Gran Sociedad) superpuso los dos últimos objetivos a los dos primeros, que eran los del *New Deal* (Nuevo Acuerdo).

trabajadora que respaldaban las políticas económicas del régimen. Las burocracias se convirtieron en un gran gobierno autómata, en su peor momento. Y los miembros del Congreso aprendieron a utilizar los grupos de interés para sus propios fines, en contra de las iniciativas del presidente.

La Revolución de Reagan. Los republicanos conservadores remplazaron el régimen New Deal/Great Society por el suyo, que logró gran éxito programático pero tuvo menos logros en la construcción de instituciones antes de que también se degenerara. Como Reagan dijo en su discurso inaugural, "el gobierno no es la solución de nuestros problemas; el gobierno es el problema". Programáticamente, la Revolución de Reagan estaba comprometida con la desregulación de la economía nacional y la reducción del papel del gobierno en la redistribución de la riqueza resultante del "libre mercado", con la igualdad formal en vez de la sustantiva y con la regulación gubernamental de la autonomía personal al servicio de la moral pública. Institucionalmente, intentó reducir el tamaño de las burocracias construidas durante el régimen anterior respaldando diversos programas de bonos del gobierno que permitían que la gente usara fondos públicos para comprar servicios en el mercado en vez de recibir los servicios del gobierno y subcontratando eventualmente las funciones tradicionales del gobierno. También procuró "desfinanciar a la izquierda" reduciendo drásticamente el apoyo público a las instituciones que asociaba con la oposición política y, de nuevo, aclarando eventualmente que los cabilderos políticos asociados con la oposición tendrían dificultades para ser escuchados por los conservadores del Congreso y el poder ejecutivo.

La Revolución de Reagan también se degeneró. El conservatismo social sobrepasó los límites de la tolerancia pública cuando el Congreso promulgó la ley "Terry Schiavo", una ley que buscaba asegurar que no se suprimiera el soporte vital a un individuo. La desregulación casi por definición no podía producir nuevas instituciones para respaldar los programas del régimen. La subcontratación abrió algunas posibilidades políticas interesantes, pero planteó el grave riesgo de la corrupción común y corriente, que a veces se hizo realidad.

El politólogo Stephen Skowronek propone un marco que nos ayuda a entender por qué la Constitución importa en los cambios de régimen. Él señala que los presidentes quieren lograr algo –no aspiran al cargo simplemente porque sí– y los describe en relación con los regímenes políticos. Para nuestros propósitos importan tres tipos de presidentes. Primero, los presidentes *reconstructivos* como Roosevelt y Reagan. Estos asumen el cargo cuando un régimen se ha degenerado y ofrecen una nueva visión de la política pública. Una vez se instaura el nuevo régimen, los sucesores de su mismo partido son los presidentes *afiliados*: Harry Truman y George W. Bush, por ejemplo. Estos enfrentan problemas políticos difíciles. Comprensiblemente, creen ser formuladores de políticas, serios y capaces de hacer sus propias contribuciones a la nación, pero casi inevitablemente son vistos a

la sombra de sus predecesores reconstructivos. Se
empeñan en lo que Skowronek llama "política de
articulación", que consiste en reajustar los principios
de sus predecesores para hacerlos suyos. Si llegan a la
presidencia cuando el régimen con el que están comprometidos se está degenerando, casi con seguridad
están condenados al fracaso. Aquí el ejemplo moderno
es Jimmy Carter, un presidente afiliado al régimen
en degeneración del New Deal/Great Society. Por
último, hay presidentes como Eisenhower y Clinton,
que llegan al cargo cuando un régimen es robusto
pero provienen del partido de oposición simbólica.
Skowronek los llama presidentes *preventivos*. También
enfrentan problemas reales. "Su" partido no está realmente comprometido con los principios del régimen
vigente, pero la robustez del régimen implica que el
presidente no puede hacer mucho para satisfacer a
los aliados de su partido. Un presidente preventivo
tiene que idear alguna manera de apropiarse de los
principios e instituciones del régimen y orientarlos
–así sea ligeramente– hacia una dirección diferente.
Es una tarea difícil, y hace vulnerable a un presidente
preventivo. Después de señalar que Richard Nixon,
un presidente preventivo que intentó sentar el camino para un presidente reconstructivo, renunció
para evitar su impugnación en el Senado, Skowronek
predijo en 1993, con sorprendente precisión, que el
recién elegido William Clinton enfrentaría un riesgo
similar de juicio político y destitución.

Vale la pena observar que la destitución –sin duda
un asunto "constitucional"– entró en la discusión

mediante del análisis de la estructura de la presidencia y la política de partidos. En el segundo capítulo
veremos que la política del régimen ayuda a explicar
por qué se vuelve natural creer que la Constitución
importa porque protege los valores fundamentales. Por el momento, podemos esbozar la conexión
entre la política del régimen, la Corte Suprema y la
Constitución. Las iniciativas institucionales que los
presidentes reconstructivos emprenden son a veces,
quizá a menudo, vulnerables a cuestionamientos de
constitucionalidad. Después de todo, los presidentes
reconstructivos repudian las características centrales
del régimen anterior, pero los jueces que están funciones cuando el presidente reconstructivo entra en
escena probablemente fueron nombrados cuando el
anterior régimen era robusto. El Derecho Constitucional que desarrollaron se puede usar casi con certeza
para boicotear las iniciativas reconstructivas. Y eso
ha ocurrido a veces. No obstante, en definitiva, el
punto importante es este: la Corte Suprema permite
eventualmente que el presidente y el Congreso lleven
a cabo sus innovaciones. Es difícil decir que la Constitución "importa" cuando regímenes sucesivos con
compromisos muy diferentes logran lo que desean,
aunque por supuesto el retraso puede ser muy importante para las personas que no consiguen lo que
necesitan o lo desean muy rápidamente.

Hoy tendemos a pensar en el presidente como jefe
del partido y como jefe ejecutivo de la nación. Esto es
cierto en algún sentido. El presidente habla a y por el
pueblo estadounidense de un modo que ninguna otra

figura política nacional puede hablar. Los idearios de partido suelen ser una mezcla de propuestas diseñadas para satisfacer a segmentos de la coalición de partido sin alejar demasiado a mucha gente externa al partido. La mayoría de los presidentes modernos intenta ofrecer algo más, no simples propuestas de política diferenciales sino una visión mucho más general que unifique las propuestas que el presidente decide impulsar. Es notable, sin embargo, que la agenda del presidente raras veces se extraiga de la plataforma de partido que impulsó simbólicamente; excepto, por supuesto, que el presidente haya dictado el ideario del partido antes de aceptar la candidatura.

La relación del presidente con el partido político que lidera difícilmente es directa. Nuestro sistema de división de poderes implica que cada partido político importante tiene dos alas diferentes. El partido del Congreso está siempre presente. En los tiempos modernos el partido presidencial usualmente empieza a existir cuando el candidato de un partido gana la presidencia, y básicamente desaparece si el candidato presidencial pierde. Puesto que son elegidos por diferentes grupos de electores, el presidente y los congresistas de un solo partido pueden tener opiniones muy diferentes sobre las políticas que debería seguir la nación. Y así ha ocurrido durante gran parte de la historia estadounidense.

Los presidentes reconstructivos tienen una tarea particularmente difícil. Fueron elegidos porque ofrecieron al pueblo políticas claramente diferentes de las que consiguió con el régimen "en proceso de

degeneración" anterior. Los diferentes ciclos de elecciones a la presidencia y al Senado –producto de la
Constitución, por supuesto– implican que después de
su elección los presidentes reconstructivos normalmente enfrentan un Senado con alta representación
de los opositores que acaba de derrotar. Las reglas
del Senado, aunque no están prescritas por la Constitución, pueden hacer muy difícil que los presidentes
reconstructivos superen esa oposición. Esta dificultad
a veces se agrava y a veces se reduce cuando los partidos son coaliciones. Un presidente reconstructivo
puede enfrentar la oposición de su partido incluso
en la Cámara de Representantes (cuyos miembros
fueron elegidos al mismo tiempo que el presidente) así
como en el Senado. Pero un presidente reconstructivo
talentoso puede atraer a los miembros del partido
de oposición a la coalición gobernante, como hizo
Ronald Reagan con los demócratas conservadores
y como Barack Obama ha intentado hacer con los
republicanos moderados.

Los partidos que tienen la estructura de una coalición
plantean problemas similares a todos los presidentes.
Una vez que un régimen está firmemente establecido, por supuesto, los presidentes que practican una
política de articulación pueden tener una tarea más
fácil. Su partido tendrá una mayoría sustancial en el
Congreso, y el partido de oposición compartirá los
compromisos generales del régimen aunque discrepará
en los detalles de la ejecución de esos compromisos.
Si los regímenes siempre se degeneran, y los políticos
ambiciosos siempre están en busca de oportunidades

para ascender en el mundo; lo hacen acelerando la degeneración u ofreciendo una nueva visión reconstructiva. Aquí también importa el federalismo. Da a esos políticos una base política independiente del presidente, particularmente entre el electorado estatal de gobernadores y senadores.

A finales del siglo xx surgieron nuevas formas de organización de los partidos, con importantes consecuencias para el funcionamiento de nuestro sistema constitucional. La dinámica fue simple y las explicaciones complejas. Los partidos políticos de Estados Unidos empezaron a perder sus características de coaliciones y se volvieron más coherentes ideológicamente, más parecidos a los partidos europeos. El nombre de marca empezó a ser más significativo.

Podemos empezar describiendo la manera de escoger a los candidatos en el siglo xix. La Constitución no dice nada sobre cómo se deben escoger los candidatos al Congreso y a la presidencia[17]. Durante gran parte del siglo xix y del siglo xx las figuras destacadas

---

[17] Esto puede ser un poco exagerado. Las enmiendas constitucionales que garantizan que no se niegue el derecho al voto con base en la raza y el género, por ejemplo, se podrían aplicar a algunos mecanismos de selección de candidatos, especialmente a las primarias presidenciales, que se convirtieron en la manera de escoger a los candidatos en la actualidad. Aunque no se apliquen directamente (y no se pueden aplicar, por razones que veremos más adelante en este capítulo), un partido político seriamente interesado en ganar las elecciones cometería suicidio si tratara de excluir votantes en la primarias con base en la raza o el género.

de cada partido –las personas que hoy llamamos peyorativamente "jefes"– eran los jugadores claves. Al principio las postulaciones presidenciales se hacían mediante lo que los críticos llamaron "Consejo Político del Rey", este concejo estaba formado por los congresistas de cada partido. Esos miembros eran, por supuesto, producto de los partidos locales. Se reunían, revisaban los candidatos potenciales, negociaban en los pasillos y postulaban a alguien que creían que podía ganar las elecciones. Martin Van Buren, quien fue lugarteniente político del Presidente Andrew Jackson antes de que él mismo llegara a ser presidente, creía que el sistema de comités tenía el gran riesgo de producir muchos candidatos regionales. Y lo sustituyó por la convención de los partidos, con delegados escogidos por líderes políticos locales. Estos líderes a veces ocupaban cargos importantes a nivel local. Sin embargo, a menudo ocupaban cargos políticos menores o no ocupaban cargos, y ejercían el poder entre bastidores, quizá porque los talentos necesarios para organizar un partido político y conseguir votos eran diferentes de los que se necesitaban para ser alcaldes y gobernadores. Los delegados que escogían estos políticos, los participantes directos en el proceso, tendían a ser funcionarios elegidos: senadores, congresistas, gobernadores y alcaldes que dirigían las organizaciones políticas locales que entre otras cosas podían obtener votos para el candidato presidencial del partido.

Desde comienzos del siglo xx y hasta las últimas décadas de ese siglo, la selección de candidatos sufrió cambios que afectaron la coherencia ideológica de cada partido. Los cambios en la estructura de partidos fueron resultado de la ley, la tecnología y la creatividad en el diseño de nuevas instituciones partidistas nacionales.

La ley. El movimiento político progresista de finales del siglo xix y de las primeras décadas del siglo xx objetó el papel dominante que desempeñaban los jefes políticos. Los progresistas intentaron debilitar el poder de los jefes con muchas reformas. La primera en tener éxito, al menos parcial, fue la sustitución de los nombramientos por clientelismo en los cargos del gobierno por un sistema competitivo de servicio civil. Las personas que obtenían empleo mediante el clientelismo recompensaban a sus patrones con apoyo político y "corrupción honesta"; las personas que obtenían empleo con base en el mérito simplemente hacían la labor pública.

Después hubo reformas en la selección de candidatos. Como ya señalé, la Decimoséptima Enmienda puso la elección de senadores directamente en manos del pueblo, en lugar de la selección por las legislaturas estatales. Casi simultáneamente los progresistas impulsaron la selección de candidatos por medio de elecciones primarias de los partidos. Durante largos años los jefes políticos pudieron controlar los resultados de las elecciones primarias porque podían llevar a sus seguidores a las urnas (y porque muchos estados no hacían elecciones primarias), mientras que los disidentes tenían dificultades. Pero eventualmente los candidatos que, para fines prácticos, se "postulaban" a sí mismos ganaron terreno. Como dice el título de un libro escrito por un politólogo en 1990, ahora elegimos "actores, atletas y astronautas", una lista a la que hoy podemos añadir comediantes profesionales. A veces las personas se podían postular a sí mismas porque eran suficientemente ricas para divulgar su nombre en el distrito o en el estado. A comienzos de los años setenta, las elecciones primarias de partido eran prácticamente la única manera de nominar los candidatos a la presidencia. Y desapareció la convención "amañada", en la que los líderes del partido podían maquinar el resultado de la convención.

La selección de candidatos mediante elecciones primarias, en las que los líderes del partido cumplían un papel relativamente pequeño, dividió a los partidos. Con la defunción de las maquinarias políticas para conseguir votos, y en ausencia de partidos políticos reales basados en la pertenencia, las personas que votaban en las primarias del partido tendían a ser las más devotas de las posiciones del partido: republicanos más conservadores que la mayoría de los votantes y demócratas que eran más liberales. Los candidatos que se postulaban a sí mismos tendían a tener intereses específicos, normalmente de izquierda (en el caso de los demócratas) o de derecha (en el caso de los republicanos) de las posiciones que adoptaban los profesionales del partido[18].

---

[18] Este es quizá el mejor lugar para observar que las características políticas que describo son tendencias y no reglas universales, y

En alguna medida este efecto fue agudizado por los cambios en la manera de delimitar las circunscripciones, aunque los politólogos discuten cuán significativos son sus efectos. A comienzos de los años sesenta la Corte Suprema insistió en que cada circunscripción de una legislatura tuviera casi exactamente el mismo número de votantes. La nación tenía una larga historia de manipulación electoral, es decir, de delimitación de las circunscripciones para asegurar que las personas elegidas tuvieran algunas características deseables, bien fuera que apoyaran políticas específicas o que fueran buenos miembros del partido. Las decisiones de la Corte implicaban básicamente que ahora la manipulación electoral solo se podía hacer para obtener ventaja partidista; para diseñar escaños demócratas o republicanos seguros o maximizar el número de escaños que obtendría el partido dominante, una estrategia que puede ser contraproducente porque a veces exige que el partido dominante traslade algunos de sus seguidores de circunscripciones en las que el partido tiene amplia mayoría a circunscripciones en las que el número es tan pequeño que incluso con los nuevos votantes trasladados corre el riesgo de perder la elección en esas circunscripciones. Y los políticos no eran muy dados a resistir la tentación. El resultado: muchas circunscripciones en las que el partido minoritario

---

que es relativamente fácil encontrar excepciones. Sin embargo, los efectos sobre nuestra estructura de partidos son resultado de hechos de amplitud general y no de casos excepcionales.

no tenía posibilidad de salir elegido, la elección real
era la primaria del partido, los únicos votantes que
importaban eran los más partidistas, y los candidatos
vencedores más a la izquierda o a la derecha que el
público en general. No es de extrañar que aumentara
la polarización partidista en las legislaturas[19].

Por último, las reformas de la ley de financiación
de las campañas, que se discuten más adelante, au-
mentaron en cada partido el poder de sus miembros
más activos y por tanto más ideológicos, y debilita-
ron el papel que podían desempeñar los líderes del
partido.

La innovación y la tecnología institucional. Como
vimos, los presidentes reconstructivos intentan sustituir a las organizaciones de partido existentes. Roosevelt lo hizo creando burocracias administrativas. A
comienzos del siglo xxi los políticos nacionales han
ideado maneras de usar las nuevas tecnologías para
fortalecer su poder.

Una innovación simple –el computador– facilitó
la manipulación electoral partidista. El censo de Estados Unidos proporcionó los datos básicos, que en
el siglo xxi daban detalles de las circunscripciones
hasta el nivel de las manzanas de la ciudad. Si se
combina eso con los resultados reportados de los
centros electorales, se tendrá una idea bastante buena

---

[19] Como ya señalé, la manipulación electoral partidista no es toda
la historia, porque la polarización ha aumentado en el Senado
así como en la Cámara de Representantes, y los senadores son
elegidos en circunscripciones estatales no manipuladas.

de dónde es fuerte o débil cada partido. Todo lo que necesita es un programa que una todas las piezas del rompecabezas cumpliendo la condición de que las circunscripciones tengan la misma población.

Los políticos también descubrieron lo que ya sabían los publicistas comerciales: que el correo directo a "los consumidores" marcaba la diferencia. Las listas de correos publicitarios daban indicios sobre quiénes podrían estar interesados en qué tipo de mensajes: era probable que los suscriptores de la revista *Shooting Times* simpatizaran con los mensajes de los candidatos republicanos sobre el derecho a tener armas, por ejemplo. Y no solo los mensajes; los políticos empezaron a utilizar el correo directo para pedir pequeñas contribuciones a donantes entusiastas. El correo directo sirvió al mismo propósito que las burocracias de Roosevelt, conectar directamente a los electores con los políticos de nivel nacional pasando por encima de los líderes políticos locales. Estos desarrollos crearon la posibilidad de un partido presidencial permanente, como sugiere el esfuerzo de Barack Obama para mantener su muy exitosa operación de recolección de fondos por Internet y transformarla en un mecanismo de apoyo a su agenda política presidencial.

El debilitamiento de las maquinarias políticas locales abrió espacio al reclutamiento de candidatos por parte de los partidos políticos nacionales y en particular por parte de el partido presidencial. En tensión con el aumento de los candidatos que se postulan a sí mismos, este reclutamiento tendió no obstante a producir una creciente coherencia ideológica dentro de cada partido. Durante la mayor parte de la historia de Estados Unidos, los presidentes desempeñaron a lo sumo un papel pequeño en la selección de los candidatos al Congreso. Es conocido que Franklin Roosevelt intervino en las elecciones primarias del sur en 1938, en su intento de remplazar a los demócratas conservadores que le causaban problemas por apoyar el New Deal, y que fracasó. A finales del siglo xx ambos partidos estaban a la búsqueda de "buenos" candidatos. Ofrecían diversos beneficios a los candidatos que detectaban: capacitación en medios de comunicación y "ayudas retóricas", por ejemplo. Y, más importante que todo, apoyo económico. Una campaña para el congreso es sumamente costosa, y las organizaciones nacionales del partido ayudan a aligerar la carga del recaudo de fondos a sus candidatos favoritos. Aquí el efecto fue el de poner en línea al partido del congreso con el partido presidencial o, en otras palabras, convertir el partido que tenia la estructura de una coalición en un partido más homogéneo. No es claro que estos cambios relativamente recientes sean permanentes, aunque pienso que lo son, y que nuestra reflexión sobre la importancia de la Constitución en las próximas décadas tendrá que tenerlos en cuenta.

Vale la pena subrayar que todas estas innovaciones no fueron "naturales". Necesitaron la creatividad institucional de políticos sagaces. Quienes innovan primero obtienen ventajas importantes. Pero eventualmente casi todos los imitan, y la estructura general de los partidos se modifica.

El Congreso, la presidencia y la estructura de partidos: esto es lo que más nos importa a la mayoría de nosotros la mayor parte del tiempo, porque es lo que produce las políticas que están en el centro de nuestra vida pública. Es obvio que existe una conexión entre la Constitución y estas características. *Tenemos* un Congreso y una presidencia debido a la Constitución. Más allá de eso, sin embargo, los efectos de la Constitución son indirectos y probablemente pequeños. Las disposiciones de la Constitución pueden afectar los incentivos de los políticos. Los miembros de la Cámara de Representantes buscan la elección cada dos años y eso les da fuertes razones para hacer cosas por sus distritos rápidamente. Un presidente ve el fin de su mandato durante su segundo periodo y debe imaginar qué hacer para dejar huella en la historia. Pero no debemos exagerar la importancia de la Constitución en estos asuntos estructurales.

La Primera Enmienda y la política nacional de partidos

Puesto que los partidos políticos son asociaciones dedicadas a la expresión política, la regulación gubernamental de los partidos políticos pone en acción la Primera Enmienda. Así, quizá la Constitución en general no sea importante, pero si los partidos políticos son importantes y la Primera Enmienda afecta la forma en que funcionan nuestros partidos políticos, tal vez la Constitución importe más o de manera diferente a la que he mostrado hasta ahora. Aquí también es conveniente alguna desmitificación. Gran parte de lo que la Corte Suprema ha dicho sobre los partidos políticos y la Primera Enmienda quizá no tenga mucho efecto sobre su manera de funcionar, pero algunas de sus decisiones –en especial las que se refieren a la regulación de las finanzas de las campañas– pueden ser importantes. En definitiva, soy escéptico incluso acerca de esa afirmación, pero en mi opinión es más sustancial que otras afirmaciones acerca de la importancia de la Constitución.

Los casos de la Corte Suprema que versan sobre la regulación de los partidos y en especial sobre la regulación de las finanzas de las campañas son muy complicados, y en algunos aspectos dan a la Primera Enmienda una impresión de complejidad similar a la del Código Tributario. En términos generales, las decisiones de la Corte permiten que los gobiernos estatales favorezcan a los dos partidos mayoritarios si lo desean, pero les prohíben negar a terceros partidos la oportunidad de ganar las elecciones dificultándoles la figuración en los tarjetones electorales. Pero, quizá más importante, las decisiones también prohíben que los gobiernos intenten contrarrestar la polarización de los partidos mediante la regulación de las elecciones primarias con el fin de promover la selección de candidatos que apelen más al electorado general que a los activistas de los partidos.

Debemos empezar con un acertijo menor. La doctrina estándar de la Primera Enmienda es muy suspicaz ante las leyes que regulan la expresión política. ¿Por qué entonces tienen los gobiernos algún poder para regular los partidos políticos[20]?

– *Accidente histórico*. Los estados empezaron a regular los partidos políticos a comienzos del siglo XX, exigiendo la selección de candidatos en elecciones primarias, antes de que la Corte Suprema empezara a desarrollar su vigorosa jurisprudencia sobre la libertad de expresión. Cuando la Corte empezó a pensar en la regulación estatal de los partidos políticos, ya había pasado demasiada agua bajo el puente para que la Corte interviniera fuertemente. Por ejemplo, en un caso relativamente temprano que tenia que ver con la Primera Enmienda y los partidos políticos, la Corte dijo en 1974 que era "demasiado evidente" que un estado podía exigir que los partidos escogieran los candidatos en elecciones primarias para asegurar que los desacuerdos dentro de los partidos se resolvieran democráticamente.

– *Protección de los consumidores*. Los estados dicen a los candidatos, usted quiere que pongamos su nombre en el tarjetón electoral con la etiqueta del partido adjunta. Debemos estar seguros de que usted representa realmente al partido que dice representar. Pero aquí los partidos son en realidad asociaciones flexibles: quienquiera que vaya a una reunión del partido, quienquiera que asista a una convención del partido, quienquiera que se registre como miembro del partido, quienquie-

---

[20] Aquí vemos de nuevo el papel de los estados –es decir, del federalismo– en la estructuración de nuestro sistema de partidos.

ra que vote en una elección primaria del partido es
un "miembro". Debemos establecer algunas reglas
básicas para asegurar que usted tenga derecho a usar
el nombre de marca que aduce[21].

   – *El legado de la segregación*. En las decisiones que se
iniciaron en los años treinta y terminaron a comienzos de los cincuenta la Corte Suprema trató asuntos
constitucionales acerca de "las primarias blancas"
en el Sur de partido único. Primero la Corte invalidó
las leyes estatales que limitaban la participación en
las primarias del Partido Demócrata a los blancos.
No lo hizo con base en la Primera Enmienda sino
en la Cláusula de Igual Protección, porque las leyes
estatales discriminaban con base en la raza. Después
de que algunos estados sureños revocaron esas leyes,
la Corte dijo que en la medida en que los estados
daban a los partidos un papel especial en el proceso
de elección, los partidos no podían limitar la votación
en las primarias a los blancos. En la jerga del Derecho
Constitucional, los partidos políticos –al menos en el
Sur de partido único– eran "actores estatales". En la
sentencia más extensa, la Corte sostuvo que esto era

---

[21] Aunque a veces las reuniones de los partidos no son tan abiertas
como parecen. El ex congresista y juez Abner Mikva cuenta la
historia de su incursión inicial en la política de Chicago: él se
presentó en la sede del club político y le preguntaron quién lo
enviaba. Cuando dijo: "Nadie", dando a entender que simplemente estaba interesado en participar en la política de Chicago,
los más experimentados le replicaron: "No queremos a nadie
que nadie haya enviado".

cierto incluso donde la "primaria" era una encuesta bastante informal realizada por un "club" del partido, cuando las decisiones del club siempre habían sido acatadas por el partido"[22]. Implicaban aceptar estas decisiones que la Primera Enmienda no daba a los partidos mayoritarios el derecho a seleccionar los candidatos como quisieran[23]. La mayoría de los estados hoy exige que esos partidos escojan los candidatos a los cargos principales en elecciones primarias o en convenciones abiertas a cualquier miembro del partido. Y parece estar establecido que estas exigencias no violan la Primera Enmienda.

– *Regulaciones "neutrales"*. Por último, la regulación estatal de los partidos políticos se ajusta, con cierta incomodidad, a la jurisprudencia de la Corte sobre la Primera Enmienda. Mediante una simplificación de un cuerpo de normas sumamente complicado puede decirse lo siguiente: con lo que engañosamente se

---

[22] El lenguaje en estos casos dice que la Constitución restringe las decisiones del partido cuando la escogencia del candidato del partido es efectivamente el fin de la campaña, debido a que el Partido Demócrata era tan dominante en el Sur en los años treinta y cuarenta que cualquiera que los demócratas escogieran ganaría inevitablemente las elecciones. Pienso que la mayoría de los constitucionalistas hoy son escépticos respecto de la actual aplicabilidad de estos casos a las elecciones en circunscripciones dominadas por un solo partido debido a la manipulación electoral partidista.

[23] A partir de entonces, y mediante decisiones más recientes, la Corte protegió a los partidos minoritarios, especialmente a los que tienen plataformas políticas verdaderamente distintivas, contra estas regulaciones estatales.

describe como excepciones estrictas, los gobiernos no pueden regular la libertad de expresión debido a su contenido salvo que haya fuertes razones para creer que la expresión causará realmente graves daños sociales[24]. No obstante, los gobiernos pueden regular toda expresión dentro de una categoría general en lo que se ha llamado una forma "aparentemente neutral", si las regulaciones son "razonables" y no imponen una carga excesiva a la persona que se expresa[25]. El ajuste no es totalmente cómodo, porque la categoría general aquí es "partidos políticos", los cuales existen para participar en actividades que están en el centro de las preocupaciones de la Primera Enmienda, sin embargo, el ajuste es suficiente para justificar el tipo de regulaciones estatales de los partidos políticos a las que nos hemos acostumbrado.

Después de estos comentarios preliminares, ahora podemos ver cómo regulan los estados a los partidos políticos, y los límites que la Corte Suprema les ha impuesto. Empezamos con un asunto pequeño –¿quién figura en el tarjetón electoral?– y pasamos a asuntos cada vez más importantes.

---

[24] Más jerga: para que sea constitucional, una regulación basada en el contenido tiene que servir a un interés "urgente" del gobierno y ser "diseñada estrictamente" para restringir únicamente la expresión que perjudica ese interés.

[25] Estas reglas se solían llamar regulaciones de "tiempo, lugar y manera", hasta que los constitucionalistas explicaron que eran permisibles porque eran neutrales y no porque trataran el tiempo, el lugar o la manera de expresarse. Aunque a veces todavía se usa la terminología anterior.

El acceso a el tarjetón electoral. El congresista de Illinois John Anderson se lanzó en las primarias presidenciales republicanas en 1980 y obtuvo bastante apoyo de los republicanos rockefellerianos. Sin embargo, el partido ya había cambiado y Anderson alcanzó el máximo al comienzo y desapareció cuando Ronald Reagan y George H. W. Bush dominaron las primarias del partido. Anderson abandonó la competencia republicana y decidió lanzarse como independiente. Para ello tenía que figurar en el tarjetón electoral de la elección de noviembre en todos los estados que fuera posible. Cada estado tiene reglas acerca de quién puede figurar en un tarjetón. Los partidos mayoritarios siempre califican, no porque sean nombrados en las reglas sino porque las reglas automáticamente incluyen en un tarjetón a un partido que haya conseguido gran cantidad de votos en una elección reciente. Los terceros partidos tienen más dificultades. Deben recoger firmas de votantes calificados y registrarlas mucho antes de la elección. A veces el número requerido es sumamente alto, y los requerimientos de tiempo son muy rigurosos[26].

Anderson tropezó con este problema en Ohio y otros estados. Las reglas de acceso al tarjetón electoral de Ohio exigia que los candidatos independientes declararan su candidatura en el mes de marzo del

---

[26] Algunos estados también intentaron exigir que los terceros partidos realizaran costosas convenciones o elecciones primarias para seleccionar a sus candidatos.

año de la elección presidencial. Pero en marzo de 1980 Anderson aún esperaba ganar la nominación republicana. Él solo anunció su intención de lanzarse como independiente a finales de abril. Los funcionarios electorales de Ohio dijeron que él no podía figurar en la lista electoral de ese estado. Un tribunal inferior ordenó que el nombre de Anderson figurara en la lista (en noviembre consiguió algo más de 250.000 votos en Ohio, cerca del 6 por ciento). Eventualmente la Corte Suprema falló que la exigencia inicial de registro de Ohio era inconstitucional porque imponía una carga demasiado severa a los derechos de las personas que deseaban votar por Anderson[27].

Cada cuatro años hay un torrente de litigios de terceros partidos por el acceso al targetón electoral. Pero, en términos generales, las reglas adoptadas en respuesta a los fallos de la Corte Suprema hacen posible que estos partidos figuren en el tarjetón electoral casi en todas partes. Debido a que las elecciones europeas usan la representación proporcional, nosotros aún no hemos visto los equivalentes del Partido de la Cerveza que lanzó candidatos a las elecciones en Polonia o del Partido Pirata (de "piratería" en Internet y no en alta mar) que ganó algunos escaños en las elecciones de 2009 al parlamento de la Unión

---

[27] La Corte Suprema ha respaldado leyes sobre el "mal perdedor" que prohíben que alguien que se lance y pierda en una elección primaria se lancen como independientes. Anderson se retiró de la primaria de Ohio antes de la fecha límite establecida en la ley del "mal perdedor" de Ohio.

Europea. Sin embargo, en la elección presidencial de 2008, tres partidos menores –el Partido Verde, el Partido de la Constitución, y el Partido Libertario– y el independiente Ralph Nader figuraron en las listas en suficientes estados para obtener los 270 votos electorales necesarios para llegar a ser presidente. Cualquier tercer partido razonablemente serio puede figurar en una lista electoral en Estados Unidos.

Los terceros partidos casi nunca ganan las principales elecciones, por supuesto, aunque los independientes a veces las ganan[28]. Los politólogos y los historiadores argumentan, sin embargo, que los terceros partidos importan –a veces– porque asustan a los partidos mayoritarios de modo que alteran sus plataformas. En consecuencia, las decisiones de la Corte Suprema sobre el acceso a la lista electoral tienen algunos efectos sobre lo que los principales partidos ofrecen al pueblo estadounidense.

La fusión de candidaturas y el sistema bipartidista. Por supuesto, la figuración en la lista electoral no significa mucho, dada la fuerza del bipartidismo. Las decisiones de la Corte Suprema dejan en claro que los estados no pueden excluir de un targetón a terceros partidos simplemente porque deseen conservar el bipartidismo, aunque en un caso importante la Corte

---

[28] Dejando de lado casos anómalos como el del Senador Joseph Lieberman, los principales ejemplos recientes son los del Representante y Senador Bernard Sanders de Vermont y el Gobernador Jesse Ventura de Minnesota.

Suprema echó atrás un intento de usar la Constitución
para debilitar el bipartidismo.

El caso involucró a una campaña de "fusión". Per-
mitidas en algunos estados, incluido Nueva York,
las campañas de fusión funcionan así. Los partidos
mayoritarios escogen a sus candidatos. Un tercer
partido luego postula como candidato a uno de los
candidatos de un partido mayoritario, con permiso
de ese candidato. El nombre del candidato aparece
dos veces en el tarjetón, una vez por el partido mayoritario y una vez por el tercer partido. Pero cuando
se cuentan los votos los funcionarios electorales ig-
noran la etiqueta del partido y suman los votos por
el candidato. Las candidaturas de fusión son buenas
para los terceros partidos porque pueden mostrar al
público –y a los líderes de los principales partidos–
que a los votantes les puede gustar un candidato
particular pero no el partido mayoritario. Igual que
la mayoría de los estados, Minnesota no permite
candidaturas de fusión. El nombre de un candidato
puede aparecer dos veces, pero los votos se cuentan bajo la etiqueta del partido. El Nuevo Partido
de Minnesota manifestó que estas reglas negaban a
sus seguidores el derecho a asociarse para apoyar al
candidato que preferían. La Corte Suprema estuvo
en desacuerdo, y el Presidente de la Corte William
Rehnquist escribió: "Los estados [...] tienen fuerte
interés en la estabilidad de sus sistemas de partidos
[...] La Constitución permite [a los estados] decidir
que la estabilidad política se sirve mejor mediante
un sano sistema de dos partidos".

Los estados pueden optar por favorecer el bipartidismo. Y no es sorprendente que lo favorezcan,
dado que los dos partidos mayoritarios dominan las
legislaturas estatales. Pero no deberíamos exagerar
la importancia de las decisiones de la Corte Suprema
sobre el bipartidismo. Tenemos un sistema bipartidista debido principalmente a la Ley de Duverger
–la tendencia a tener solo dos partidos en sistemas
con elecciones basadas en circunscripciones donde el
ganador es el candidato que obtiene más votos que
los demás– y porque nos hemos acostumbrado a eso
y en general estamos satisfechos con las marcas que
nos ofrecen los partidos mayoritarios.

La regulación de la selección de candidatos. ¿Qué sucede con la regulación estatal de los partidos? Aquí la
interpretación de la Corte es que la Primera Enmienda
exige que los estados tomen una clara posición no
intervencionista. Los partidos se pueden organizar
a sí mismos y escoger a los candidatos que deseen.
Hoy, sin embargo, "los partidos" no son lo que solían
ser, y decir que la Constitución exige que "ellos" estén autorizados para organizarse de la manera que
deseen tiene implicaciones importantes para nuestro
sistema de partidos.

De acuerdo con la Corte Suprema, la Primera Enmienda impide que los estados anulen la decisión de
un partido sobre la manera de organizar su primaria
o su convención. Como dijo el magistrado Antonin
Scalia en una decisión reciente: "Un partido político
tiene el derecho derivado de la Primera Enmienda
a limitar su pertenencia como desee, y a escoger el

proceso de selección de candidatos que en su opinión produzca el candidato que mejor representa su plataforma política". Esto tenía sentido cuando realmente había partidos del viejo tipo, con dirigentes de partido, reglas de pertenencia y cosas por el estilo. Es menos claro que hoy tenga sentido.

Sin embargo, a menudo tenemos buenas razones para sospechar de los esfuerzos del gobierno para imponer reglas de selección de candidatos a los partidos políticos, aunque estén organizados en forma tan laxa como los partidos estadounidenses contemporáneos.

Un caso de Connecticut ilustra por qué. Los líderes estatales republicanos decidieron que podían atraer votantes permitiendo que los independientes votaran en la primaria republicana, e influyeran así en quién sería el candidato republicano en las elecciones generales. Pensaban que un candidato escogido en dicha primaria "abierta" sería más moderado que uno escogido en una primaria "cerrada" en la que solo podían votar los republicanos registrados, y acogieron esa opción porque pensaban que un republicano moderado tendría mayores posibilidades de ganar la elección general. Los líderes del Partido Demócrata del estado coincidieron con esa predicción política, y no les gustó. Y tenían recursos para combatirla –no lanzando candidatos que le pudieran ganar a un republicano moderado, sino logrando que la legislatura estatal, controlada por su partido, promulgara una ley que prescribiera que los partidos políticos tenían que llevar a cabo primarias cerradas. La Corte Suprema les dijo que ellos no podían estructurar el campo de juego para aumentar su probabilidad de ganar.

Acabo de mostrar que aquí hay algo distinto de nuestras ideas usuales acerca de la línea divisoria entre conservadores y liberales en la Corte; la sentencia de la Corte que respaldó lo que el Partido Republicano del estado quería hacer fue redactada por el magistrado Thurgood Marshall y a él se sumaron los liberales de la Corte, mientras que los conservadores de la Corte disintieron. La sentencia del magistrado Marshall reconocía que los partidos políticos contemporáneos son entidades complicadas:

> Un partido político estatal importante necesariamente incluye individuos que desempeñan un amplio espectro de funciones en las actividades de la organización. Algunos de los miembros del partido dedican gran parte de su vida a promover sus objetivos políticos y organizativos, otros proporcionan apoyo económico sustancial, mientras que otros limitan su participación a depositar su voto por algunos o todos los candidatos del partido. Considerado desde el punto de vista del mismo partido, el acto de reclutamiento formal o de afiliación pública es simplemente un elemento en el *continuum* de participación en los asuntos del partido, y no necesariamente es en cualquier sentido el más importante.

Los abogados de Connecticut dijeron que la exigencia de primarias cerradas impedía que un partido "asaltara" al otro. El magistrado Marshall respondió: "Por supuesto. Ese es precisamente el punto – y 'asaltar' es lo que de otro modo llamamos 'atraer nuevos votantes', algo que protege la Primera Enmienda". En su respuesta al argumento de Connecticut de que las primarias cerradas protegían el sistema bipartidista, el magistrado Marshall dijo que cada partido tenía derecho a decidir por sí mismo cómo deseaba ser uno de los dos partidos en el sistema bipartidista. Un partido político "que disfruta transitoriamente del poder mayoritario" no puede usar la legislatura para decirle al otro partido cómo debe manejar sus propios asuntos.

Esto es muy apropiado. Los partidos pueden decidir si hacen primarias abiertas o cerradas. Las primarias cerradas tienen sus propios problemas; no necesariamente desde el punto de vista de los partidos, sino desde el punto de vista del votante ordinario, que solo se interesa en la política cuando se acerca la elección de noviembre. Y, desafortunadamente, desde esa perspectiva, las primarias cerradas tienen un carácter que se fortalece a sí mismo y que hace difícil sustituirlas después de usarlas durante algún tiempo. Solamente las personas que se registran como miembros del partido pueden votar en primarias cerradas. Como ya señalé, las personas registradas –a las que un magistrado de la Corte Suprema llamó "leales al partido"– tienden a ser más activas que las otras en los asuntos del partido. Eso es cierto aun cuando, como es posible en muchos estados, un votante pueda registrarse como miembro del partido –o incluso cambiar de registro– hasta el día de la elección primaria.

Y, entre aquellos que se identifican como miembros de partido, los que dedican tiempo a votar en una elección primaria tienden a ser los más consagrados a la agenda ideológica del partido. Sabemos cuáles son los efectos: los candidatos demócratas escogidos en una primaria cerrada son bastante liberales y los republicanos bastante conservadores. De acuerdo con los politólogos, las primarias cerradas tienden a filtrar a los candidatos de los extremos de sus partidos, pero como los partidos se han vuelto ideológicamente más coherentes (al menos distrito por distrito y estado por estado), los demócratas escogen candidatos liberales y los republicanos candidatos conservadores.

No hay nada erróneo en eso, por supuesto. El problema es que el electorado como un todo –no los activistas de ambos partidos– no debería verse forzado a escoger entre un republicano bastante conservador y un demócrata bastante liberal. A los votantes moderados les gustaría elegir, no servir de eco, para citar el eslogan de la campaña de Barry Goldwater, pero elegir entre un republicano moderadamente conservador y un demócrata moderadamente liberal. Las primarias cerradas tienden –es solo una tendencia, pero bastante fuerte– a impedirles hacer esa elección.

El caso de Connecticut, que rechazó una ley estatal que obligaba a los partidos a realizar primarias cerradas, implica que las legislaturas estatales tampoco pueden obligarlos a llevar a cabo primarias abiertas. Observemos, sin embargo, que se recurrió a maniobras partidistas cuando los demócratas de Connecticut intentaron sesgar el campo de juego. Quizá deberíamos pensar el problema de manera diferente si los mismos votantes diseñaran el sistema de primarias. Los votantes de California así lo hicieron en 1996, adoptando una iniciativa que cambió las primarias cerradas, no por primarias abiertas, sino por lo que se conoce como una primaria "blanket"*. En este tipo de elección primaria, en la que cuando el elector va a las urnas puede votar por uno de los demócratas que aspiran a las elecciones generales para gobernador y luego por uno de los republicanos que aspiran al Senado. Las primarias "blanket" tienen efectos políticos similares a los de las primarias abiertas: empujan la selección de candidatos hacia el centro. Como señalaron los promotores de la iniciativa de California, este tipo de primaria "debilitaría a los 'seguidores de la línea dura' del partido y allanaría el camino a los 'moderados que resuelven problemas'".

Siete magistrados de la Corte Suprema se unieron a la opinión del magistrado Antonin Scalia de que esto también era inconstitucional. La iniciativa "obliga a los partidos políticos a asociarse con quienes en el mejor de los casos se negaron a afiliarse al partido y, en el peor, se afiliaron expresamente a un partido rival, para que sus candidatos y, por tanto, sus cargos sean decidido por ellos". El magistrado Scalia prosiguió: "Esa asociación forzada tiene el resultado probable –de hecho, en este caso el resultado *deliberado*– de modificar el mensaje de los partidos. No podemos pensar en una

---

* N.T. Primaria de manto, seria una traducción aproximada

carga más pesada sobre la libertad de asociación de un partido político". La legislación no podía arrebatar a los partidos su "función básica" de seleccionar a sus propios líderes; una observación que, dando "al partido" una existencia más concreta de la que hoy tiene realmente en Estados Unidos, puede contribuir a la polarización de los partidos. El hecho de que el sistema fuera adoptado directamente por los votantes y no por una legislatura dominada por un partido no jugó ningún papel en el análisis de la Corte.

Hay una última posibilidad, utilizada en los estados de Washington y Luisiana: la llamada primaria "jungla", en la que hay exactamente una elección primaria. En este tipo de primaria, cada candidato dice que él o ella se lanzará a las elecciones generales como demócrata o republicano. Cuando se cuentan los votos de esta primaria, los ganadores son el demócrata y el republicano que reciben más votos que los demás que se hayan identificado como tales. Este género de elección primaria tiene efectos similares a los de las primarias abiertas en cuanto empuja a los candidatos hacia el medio. Aunque algo escéptica sobre la constitucionalidad de la primaria "jungla" de Washington, la Corte Suprema se abstuvo de invalidarla en 2008, en espera de la presentación de información más detallada sobre sus efectos reales en la selección de candidatos[29].

---

[29] La Corte Suprema ya había dicho que las leyes federales prohibían el uso de la primaria "jungla" en Luisiana para seleccionar

Las interpretaciones de la Corte Suprema sobre la Primera Enmienda señalan a los legisladores que deben mantener sus manos fuera de la organización interna de los partidos para que "los partidos" puedan decidir por sí mismos a quiénes desean como líderes y cómo hacer para atraer votos. Como muestra el caso de Connecticut, esta posición puede tener sentido cuando nos ocupamos de leyes adoptadas por las legislaturas, integradas por políticos interesados en preservar sus cargos. Tiene menos sentido en situaciones como el uso en California de una iniciativa para reformar la estructura de los partidos; aunque incluso allí no debemos exagerar el grado en que las iniciativas son realmente procesos legislativos no partidistas. Los efectos de las interpretaciones de la Corte son suficientemente claros: no importa cuán insatisfechos estemos con las decisiones tomadas por los "leales al partido", tenemos que aceptarlas, a menos que nos volvamos fieles del partido bien sea dentro de los partidos existentes o en nuevos partidos. Muchos de nosotros tenemos mejores cosas que hacer con nuestro tiempo, lo que significa que en realidad tenemos que aceptar lo que deciden los partidos.

a los candidatos al Senado y la Cámara de Representantes, pero solamente porque Luisiana fijó la fecha de la primaria en octubre y no en noviembre, y dijo que un candidato que obtuviera más de la mayoría de los votos en octubre era elegido automáticamente.

EL PROBLEMA DE LA FINANCIACIÓN DE
LAS CAMPAÑAS Y LA PRIMERA ENMIENDA

El elefante en la habitación es, por supuesto, la financiación de las campañas[30]. En este ámbito la jerga es casi sofocante: "527", "propaganda temática o apoyo expreso", "PAC de liderazgo", "empaquetadores"; estos términos y muchos más pululan en la ley de financiación de las campañas. No obstante, de nuevo, desde una perspectiva general, podemos decir a grandes rasgos que tal como la interpreta la Corte Suprema, la Primera Enmienda permite una modesta regulación de las contribuciones a los candidatos, relativamente poca regulación de las contribuciones a grupos que patrocinan la publicidad y similares que apoyan o se oponen efectivamente a candidatos específicos, ninguna regulación de los gastos de los candidatos, y una regulación muy limitada de los gastos de personas distintas a ellos[31].

---

[30] Otros aspectos de la ley de la Primera de Enmienda, como la ley que restringe la capacidad de los funcionarios públicos a pedir indemnización por historias falsas cuya publicación perjudica su reputación, afectan nuestra estructura política en general pero no el papel que cumplen los partidos políticos en esa estructura. Algo similar sucede con algunas disposiciones inmodificables de la Constitución. Mi argumento es que lo que importa son los partidos políticos, y por ello dejo de lado esas otras disposiciones, relevantes para la política en general pero no específicamente para los partidos políticos.

[31] El gasto de los candidatos que aceptan financiación pública puede ser limitado como condición para recibir el dinero; por

El gasto. Es difícil encontrar buenas razones para
limitar el gasto de las campañas, excepto quizá que
el recaudo de fondos para las campañas toma un
tiempo que nuestros políticos podrían dedicar mejor
a formular buenas políticas públicas. Los moralistas
pueden decir que gastamos "demasiado" en campañas políticas, así como pueden decir que gastamos
demasiado en comida rápida. Quizá podamos dar
sentido a la idea del gasto excesivo en comida rápida
señalando que comer muchas "Big Macs" genera
obesidad. Pero no es claro cuál es el daño de escu-
char muchos comerciales de campaña. ¿Tal vez una
especie de desilusión general del sistema político, si
la publicidad es muy negativa o se centra demasiado
en aspectos de la política que los moralistas piensan
que no deberían importar? No obstante, es posible
que esa preocupación se maneje mejor limitando las
contribuciones a las campañas. Totalmente aparte de
la Primera Enmienda, una sociedad que nos permite
elegir entre comida rápida y comida orgánica casi
con certeza debe permitirnos intercambiar algún
gasto en comida por algún gasto en campañas. Como
dijo la Corte en su decisión más importante sobre la
financiación de las campañas: "En la sociedad libre
ordenada por nuestra Constitución no es el gobierno,

sino el pueblo –individualmente como ciudadanos y candidatos y colectivamente como asociaciones y comités políticos– el que debe tener el control de la cantidad y del alcance del debate sobre los asuntos públicos en una campaña política"[32]. Esto no es del todo satisfactorio: ¿Por qué el pueblo "colectivamente como asociaciones y comités políticos" puede decidir cuánto gastar en campañas políticas pero el pueblo "colectivamente" mediante nuestras legislaturas no puede hacer lo mismo? No obstante, es claro que tiene bastante fuerza la idea implícita en la expresión algo inepta que la Corte usó para exponer el punto. La Primera Enmienda simplemente establece que el gasto de dinero en campañas es semejante al gasto de dinero en comida rápida.

Más comúnmente, la gente no se preocupa por el nivel absoluto del gasto en las campañas sino por lo que considera una distribución desigual o injusta del gasto. Los dos partidos mayoritarios, se dice a veces, deben gastar más o menos la misma cantidad. La Corte Suprema, en forma algo burda y exagerada, rechazó la igualación como una razón para limitar el gasto de las campañas, diciendo que "el concepto de que el gobierno puede restringir la expresión de algunos elementos de nuestra sociedad para real-zar la voz relativa de otros es totalmente ajeno a la

---

[32] La opinión de la Corte en este caso aparece sin firma, pero los borradores que se encuentran en los registros disponibles de los escritos de los magistrados de la Corte Suprema muestran que este pasaje proviene del Magistrado Potter Stewart.

Primera Enmienda". Por razones complejas que no vale la pena profundizar aquí, eso no muy correcto[33], pero de nuevo la percepción básica es sana. ¿Por qué un candidato que dice tonterías sobre propuestas de política realmente malas debe tener el mismo tiempo de transmisión que su oponente que discute seriamente los problemas reales de la nación? Supongamos que al segundo candidato le es fácil conseguir dinero para la publicidad inteligente orientada a las políticas. ¿Por qué deberíamos preocuparnos si el primer candidato no puede hacer lo mismo para propagandas estúpidas?

Estos son argumentos políticos contra el intento de regular el gasto de las campañas. La Corte Suprema los ha inscrito en la Primera Enmienda. ¿Las decisiones de la Corte importan? Tal vez no. De nuevo, pensemos en las reglas de financiación de las campañas como si fuesen el código tributario. La gente rica paga mucho dinero a los abogados tributarios para que encuentren vacíos y exploten el código tributario. Cualquier sistema de regulación del gasto de las campañas también tendría vacíos, inevitablemente. Pensemos aquí en un video de campaña de un costo moderado que se envía por Internet y luego se

---

[33] Hay un cuerpo de derecho relacionado con la Primera Enmienda, sobre el derecho de los manifestantes a usar las calles para las marchas, que solo se puede entender con base en la teoría de que la gente relativamente pobre no puede pagar anuncios en los periódicos para comunicar sus ideas al público aunque la gente relativamente rica pueda pagarlos.

vuelve un éxito. Quizá se ajuste a las reglas de gasto,
pero suscita las mismas preocupaciones que el gasto
desigual. Las legislaturas que tuvieran la facultad,
no restringida por la Constitución, para regular el
gasto de las campañas casi con certeza tendrían la
capacidad para regularlo.

Las contribuciones a las campañas de los candidatos.
Para gastar tanto como se pueda en las campañas se
requiere conseguir dinero. Los millonarios pueden
gastar mucho de su propio dinero para financiar
sus campañas, pero cuando aspiran a un cargo del
Senado, para no mencionar la presidencia, tienen
que obtener dinero de otras personas. Y los políticos
comunes no tienen mucho dinero propio para gastarlo
de cualquier manera.

Antes de tratar las decisiones de la Corte Suprema
sobre la financiación de las campañas, debemos aclarar
un argumento bastante malo que a menudo surge en
las discusiones sobre la regulación de la financiación
de las campañas, a saber: que la Primera Enmienda se
refiere a la regulación gubernamental de la expresión,
pero que el dinero no es expresión. La Constitución
permite que el gobierno regule la forma en que usamos
nuestro dinero todo el tiempo: nos prohíbe gastarlo
para comprar estupefacientes, por ejemplo, o para
comprar drogas que la Administración de Drogas y
Alimentos encuentra inseguras. ¿Por qué no puede
regular la forma en que gastamos nuestro dinero en
las campañas políticas?

El punto de partida tiene que ser la proposición
obvia de que si la Primera Enmienda significa algo,

significa que el gobierno no puede impedir que me pare frente a mi casa y haga un discurso en apoyo de un candidato político. Pero suponga que no soy muy buen orador. Sería muy indignante que el gobierno me dijera que no puedo contratar a alguien para que pronuncie el discurso. El paso de contratar a alguien para pronunciar el discurso a contratar a alguien para redactar el discurso es muy pequeño. Esto significa que la Primera Enmienda tiene que entrar en funcionamiento cuando usamos nuestro dinero para respaldar candidatos políticos. "Entrar en funcionamiento" no significa que el gobierno no pueda regular nuestras contribuciones, pero sí significa que no podemos descartar la aplicación de la Primera Enmienda a las regulaciones de la financiación de las campañas simplemente porque "el dinero no es expresión".

La gente da dinero a los candidatos políticos porque piensa que el candidato debería ser elegido, y que el candidato debería ser elegido porque sus posiciones sobre los asuntos más importantes son mejores que las de su oponente. O que así se estaría en el mejor de los mundos. En nuestro mundo, las cosas a veces no son tan rosa. Yo podría dar $500.000 a la campaña de un candidato a cambio de la promesa de que si es elegido presentará o votará por alguna ley que quiero ver promulgada. Este es un soborno bastante claro. El candidato obtiene algo que desea –una mayor oportunidad de ganar, que no es exactamente lo mismo que un auto nuevo– a cambio de hacer algo que yo deseo en vez de ejercer su buen juicio sobre lo que sirve al

interés público. Estamos –como dice la ley federal de
fraude– siendo privados de los "servicios honestos"
del funcionario. La Corte Suprema ha dicho que las
legislaturas pueden limitar las contribuciones a las
campañas para resguardarnos de la posibilidad de
este tipo de corrupción *quid pro quo*.

Los votantes parecen preocuparse por otros dos
fenómenos que también tienden a describir como
corrupción. Al enterarse de que un funcionario elegido recibió millones de dólares en contribuciones
de personas ligadas a la industria del petróleo y el
gas, o a los bancos o a otra industria, los votantes
comunes tienden a sospechar que el apoyo del funcionario a la legislación que favorece a la industria
del petróleo y el gas, o a los bancos o a la industria
que sea, puede no ser el resultado de una valoración
honesta de los méritos de la propuesta sino de la
gratitud y la esperanza de recibir contribuciones
similares en el futuro. Aquí también los votantes comunes tienden a pensar que están siendo privados de
servicios honestos. Los conocedores de Washington,
que incluyen a los magistrados de la Corte Suprema,
saben que esta interpretación de las contribuciones
tiene una causalidad inversa. Los donantes no hacen
contribuciones a los candidatos para influir en sus
votos. Escogen candidatos para darles dinero observando el terreno y decidiendo cuáles probablemente
puedan favorecer sus intereses si son elegidos. Las
contribuciones aumentan la posibilidad de que esos
candidatos ganen y luego impulsen las posiciones

políticas favorables para la industria que ya tenían[34]. La Corte Suprema ha estado tibiamente dispuesta a caracterizar esta preocupación pública como una forma de corrupción –"apariencia de corrupción" es la frase a veces utilizada– que justifica la regulación de las contribuciones a las campañas. Sin embargo la Corte considera claramente que esta justificación es más débil que la justificación de controlar la corrupción *quid pro quo* y, en consecuencia, no la usará para justificar regulaciones estrictas de las contribuciones.

Finalmente, algunos votantes comunes traducen las sumas de dinero que ven gastar en las campañas en un cinismo generalizado acerca de la política como un lugar donde todo se pone en venta. Ninguna decisión de la Corte Suprema ha estado dispuesta a aceptar este cinismo como justificación de la regulación de la financiación de las campañas.

La experiencia en la regulación de la financiación de las campañas sugiere que tal vez no haga mucha diferencia. Consideremos la versión más simple, las restricciones a las contribuciones individuales directas a las campañas. Lo primero que se debe señalar es que estas restricciones no son tan estrictas como se podría pensar. He aquí una descripción de los límites de la contribución individual para el ciclo electoral de 2005-

---

[34] A veces la gente da dinero a candidatos que no tienen opiniones fijas sobre los temas que interesan a los donantes, esperando tener acceso al candidato después de su elección para explicarle por qué la posición de la industria tiene sentido.

2006. "Un individuo puede dar $2.100 por elección
a un candidato federal (las elecciones primarias y
generales cuentan por aparte, para un total de $4.200 a
un solo candidato al Congreso en un ciclo electoral)[35].
Un individuo también puede aportar $26.700 al año
al comité nacional de un partido político y $10.000 al
año a la cuenta federal de un comité estatal del partido". Esto equivale a $40.900 al año por persona; y
no incluye los $10.000 al año que un individuo puede
dar a una cuenta "Levin", que usa el dinero en actividades para promover la participación electoral, ni
las contribuciones a las cuentas para defensa jurídica
de los candidatos. Las cantidades no son ilimitadas,
como solían serlo, pero son suficientemente grandes
para dar a las personas ricas un papel significativo
en la financiación de las campañas.

Y eso no es todo. Si usted tiene esposa e hijos, ellos
también pueden hacer contribuciones hasta los mismos límites (con sus "propios" fondos, por supuesto)
al candidato que usted prefiera. Más importante,
usted se puede convertir en "empaquetador". Los
empaquetadores piden a sus amigos y conocidos
que hagan contribuciones hasta los límites legales,
y luego recogen los cheques y los envían en lote a la
campaña. Los gerentes del candidato saben quién

---

[35] Los límites aumentan ligeramente cada año por el ajuste de
inflación. Eran más altos para la elección presidencial de 2008,
pero las cifras que he citado dan una idea de cómo funciona
realmente el sistema.

reúne el paquete, y un empaquetador que entrega $150.000 en cheques de un grupo de personas quizá hoy tenga tanta influencia como la persona que giraba un solo cheque de $150.000 en la época anterior a la regulación de la financiación de las campañas[36]. Puede ser que todas las personas ricas no tengan las mismas oportunidades de "hacer" grandes contribuciones que antes, pero las personas ricas gregarias sí las tienen.

Todo esto sucede dentro de las restricciones que la Corte Suprema ha impuesto a la regulación de la financiación de las campañas. Es difícil creer que esas restricciones tengan mucha importancia, es decir, que las cosas serían mucho peores si la Corte dijera que la Primera Enmienda no limita en absoluto la regulación de las contribuciones a las campañas; al menos para aquellos votantes comunes que ven apariencias de corrupción en el sistema de financiación de las campañas o que se han vuelto cínicos con respecto a la política por los escándalos financieros de las campañas. Quizá los votantes podrían lograr que nuestros representantes impusieran límites más estrictos a las contribuciones (y a los gastos) de las campañas si pudiéramos decirles que de acuerdo con

---

[36] Las historias de mediados de 2009 sobre las nominaciones del Presidente Obama a los cargos de embajador indican que algunos de los candidatos eran empaquetadores, así como algunos embajadores del pasado daban grandes contribuciones individuales a las campañas.

la Corte Suprema la Primera Enmienda lo impide. Personalmente no apostaría a eso.

Y en alguna medida, eso es algo bueno. En el debate sobre la adopción de la Ley McCain-Feingold, muchos senadores –el más destacado entre ellos el Senador Mitch McConnell (republicano de Kentucky)– argumentaron regularmente que las restricciones de la propuesta a la financiación de las campañas violaban la Primera Enmienda. Esos argumentos no se desvanecieron simplemente porque la Corte respaldó la ley pese a la oposición de McConnell. Los miembros del Congreso tienen y a veces cumplen el deber de considerar la constitucionalidad de las propuestas que examinan, y algunos de ellos a veces piensan que ese deber exige que lleguen a un criterio de constitucionalidad independiente de lo que diga o incluso de lo que haya dicho la Corte Suprema. Tal como esos senadores la entienden, la Primera Enmienda podría afectar la legislación que sale del Congreso, aunque la Corte Suprema hubiera dicho que en su opinión la Primera Enmienda no limita lo que puede hacer el Congreso.

Gastos "independientes", propaganda temática y contribuciones que los financian. Suponga que usted piensa que el Senador Smith ha hecho una excelente tarea y merece ser reelegido. Sabemos que el Congreso puede limitar la suma que usted puede aportar a la campaña del Senador Smith. De modo que una vez que usted llega al límite, decide gastar su dinero comprando publicidad[37]. Es obvio que usted no puede llamar a las oficinas de la campaña del Senador Smith y decirles que comprará tiempo para cualquier tipo de publicidad que deseen transmitir, porque esa sería una clara evasión de los límites de las contribuciones a la campaña. En jerga, usted no puede coordinar su gasto con la campaña. Aunque puede hacer un gasto realmente independiente. Y la mayoría de las veces podrá contratar a un asesor político que no esté trabajando en la campaña del Senador Smith que pueda hacer un buen anuncio publicitario que se ajuste bien a los temas que el Senador Smith ha expresado en su campaña. La misma lógica que da la protección de la Primera Enmienda a su discurso en favor del Senador Smith lleva a la conclusión de que la Primera Enmienda protege los gastos independientes que respaldan a un candidato.

Los gastos realmente independientes plantean algunos riesgos para el candidato. El senador Smith puede haber calculado que tiene mayor probabilidad de ganar las elecciones si su campaña no presenta su posición contra el control de armas de fuego, por ejemplo. Usted puede estar de acuerdo con su posición contra el control de armas de fuego pero en

---

[37] Los comités de acción política (PAC es su sigla en inglés) y los "527" –llamados así por la disposición del Código del Impuesto de Renta que los describe– son vehículos para que grupos de personas sumen sus contribuciones individuales de modo que puedan hacer anuncios publicitarios más efectivos y más numerosos.

desacuerdo con su cálculo del efecto de plantear ese tema sobre sus oportunidades de ganar, y distribuir un mensaje publicitario que lo elogie por oponerse a dicho control. Él podría entonces tener que abordar un tema que no deseaba tratar. En conjunto, sin embargo, los gastos independientes ayudan mucho más a los candidatos de lo que los perjudican. También debilitan cualquier sistema de regulación de la financiación de las campañas; con todo, es realmente difícil llegar a una interpretación razonable de la Primera Enmienda que permita que el gobierno regule los gastos independientes de los individuos.

Cuando entró en vigencia el moderno sistema de regulación de la financiación de las campañas, Estados Unidos vio una proliferación de propaganda temática: un tema y la toma de posición sobre el tema –la perforación petrolera, la asistencia de la salud, el filibusterismo parlamentario– que su patrocinador piensa que tiene resonancia política inmediata. Suponga, por ejemplo, que estamos en el verano de un año de elecciones y que el Senado está considerando una ley sobre financiación de la asistencia de la salud. El Senador Smith ha hecho algunas declaraciones que sugieren que está abierto a incluir una disposición que grave la suma que un empleador aporta al seguro de salud de los empleados que ganan más de $250.000 al año. Las personas que piensan que esa es una mala idea patrocinan un anuncio publicitario que pide al Senador Smith que se oponga a la disposición.

La propaganda temática parece ser una forma prístina de comunicación política. ¿Qué tiene de especial?

Esto: está prohibido que las corporaciones y los sindicatos hagan cualquier tipo de contribuciones a la
campaña de un candidato. Pero pueden patrocinar
propaganda temática. La ley McCain-Feingold de
financiación de las campañas trató la propaganda
temática como lo que llamó "comunicaciones electorales" –más jerga– a las que definió como cualquier
anuncio transmitido en los sesenta días anteriores a
las elecciones generales. Esto extendió a las comunicaciones electorales la prohibición existente sobre
las contribuciones financieras de las corporaciones
y los sindicatos a los candidatos. Las corporaciones no podían hacer contribuciones para transmitir
propaganda temática poco antes de una elección. La
preocupación del Congreso era, una vez más, que la
propaganda temática se podía usar para evadir la
prohibición de las contribuciones de las corporaciones
a los candidatos. Con la adopción de una definición
sumamente estricta del tipo de publicidad que respalda a los candidatos la Corte Suprema declaró
que esta disposición era inconstitucional cuando
se aplicaba a una propaganda temática que no era
inequívocamente un respaldo a un candidato, en
concepto del Presidente de la Corte John Roberts.
En una parte de su decisión, que solo fue respaldada
por el magistrado Samuel Alito, el Presidente de la
Corte escribió: "Basta ya. La propaganda temática
[…] de ningún modo equivale a contribuciones, y el
interés en controlar la corrupción *quid pro quo* no puede
justificar su regulación". El caso de la "propaganda
temática" no involucraba lo que los especialistas en

regulación de la financiación de campañas llaman apoyo expreso: un anuncio publicitario cuya única interpretación razonable es que insta a los electores a apoyar o a oponerse a un candidato particular (cuando escribo esto, la Corte parece estar a punto de limitar severamente la facultad del Congreso para regular el apoyo expreso de las corporaciones).

Las corporaciones y los sindicatos pueden usar sus tesorerías para comprar propaganda temática y participar en el apoyo expreso. A veces lo hacen a nombre propio, pero más a menudo hacen contribuciones a –o crean– frentes con nombres inocuos como "Ciudadanos por Cualquier Cosa Responsable". Ellos tienen que hacer públicas sus contribuciones, y algunos defensores de la reforma de las campañas han empezado a abogar por su divulgación instantánea en Internet. Sin embargo, hay una diferencia importante entre las contribuciones de las tesorerías de las corporaciones y de los sindicatos. La Corte Suprema ha sostenido que la Primera Enmienda exige que los sindicatos informen a sus miembros que tienen derecho a insistir en que nada de sus cuotas sindicales se gaste en actividad política. Los accionistas no tienen un derecho equivalente. La teoría es que un accionista al que no le gusta lo que los gerentes de la corporación están haciendo con la tesorería simplemente puede "salir" de la corporación vendiendo las acciones, mientras que en los lugares de trabajo sindicalizados cada trabajador está obligado a pagar las cuotas sindicales. La Corte Suprema no se ha preocupado por la asimetría que esto crea entre sindicatos y corporaciones[38].

Aquí llegamos a un punto en el que la Constitución importa, por supuesto tal como la interpreta la Corte Suprema. Sus decisiones sobre la financiación de las campañas, en particular, quizá no solo nos dificulten la alteración de nuestro sistema de financiación de las campañas, sino la modificación de la estructura general de nuestro sistema de partidos; si lo quisiéramos.

No obstante de nuevo, la Constitución nacional tiene algunas características inmodificables que pueden ser más importantes que las decisiones de la Corte que interpretan la Primera Enmienda. En el nivel nacional, no existe ninguna disposición sobre la legislación directa del pueblo. Muchos observadores ridiculizan el uso general de la legislación directa –las iniciativas y los referendos– en California y otros estados. No obstante, la legislación directa es un buen instrumento en un área específica: la regulación de la política. Tiene el potencial para permitir que la gente trabaje cerca de los políticos que ha elegido para hacer *otros* tipos de trabajo. Cuando los políticos empiezan a regular la política, quizá deberíamos preocuparnos. Es decir,

---

[38] Victor Brudney, un destacado estudioso del Derecho comercial, argumentó hace casi una generación que el gobierno debía imponer a las empresas el requisito de obtener permiso específico de los accionistas –incluso el consentimiento unánime, sugirió– para el gasto en propaganda temática y en especial para el apoyo expreso. Pero su campaña no hizo ningún progreso.

aunque la Corte interprete que la Primera Enmienda permite que el Congreso haga cualquier cosa que desee, quizá deberíamos preocuparnos.

Consideremos las leyes de financiación de las campañas, que –en el nivel nacional– deben ser adoptadas por el Congreso. Muchos estudiosos sospechan que esas leyes son tinglados que protegen a quienes ya han sido elegidos. Los congresistas saben de dónde proviene el dinero para financiar a sus oponentes e intentan limitar ese dinero sin limitar el dinero que pueden conseguir para sí mismos[39]. El ejemplo más espectacular puede ser "la Enmienda de los Millonarios" de la Ley McCain-Feingold. La disposición decía que si usted se postulara contra alguien que aporta mucho dinero propio –$350.000 o más– usted quedaba eximido de los límites normales a las contribuciones de las campañas: podía aceptar contribuciones individuales de hasta tres veces los límites normales. Pero, por supuesto, los millonarios que aspiran a un cargo no solo usan su propio dinero. Consiguen fondos adicionales aceptando contribuciones de otros. La Enmienda de los Millonarios establecía que los candidatos "autofinanciados" debían acatar los límites normales. Un político que ejerciera un cargo y enfrentara a un candidato autofinanciado quedaba liberado de las restricciones impuestas a su oponente. En 2008, la Corte Suprema invalidó la

---

[39] Los oponentes pueden ser insurgentes de sus propios partidos o los candidatos que se lanzan contra ellos en las elecciones generales.

Enmienda de los Millonarios, en una decisión dividida según el alineamiento estándar entre liberales y conservadores.

Ese caso muestra que la intervención de la Corte puede tener algún efecto, casi con certeza modesto, en el uso de la ley de financiación de las campañas para atrincherar a quienes ya ejercen cargos de elección popular. Las tasas de reelección para la Cámara y el Senado son bastante altas, y las ventajas de los congresistas en ejercicio provienen en parte de su capacidad para conseguir y gastar más fondos que sus oponentes. Pero solo en parte: los votantes pueden ser influidos por la publicidad de las campañas[40], pero la mayoría de las veces votamos por quienes ya hemos elegido porque en general aprobamos lo que han hecho y no es seguro que un sustituto sea mejor para nosotros.

Supongamos que la Corte Suprema estableció que la Primera Enmienda prohíbe limitar la financiación de las campañas: las empresas pueden usar dinero para apoyar candidatos, la gente rica puede dar tanto dinero como quiera a todos los candidatos que desee, los sindicatos de trabajadores pueden usar las cuotas de afiliación en contribuciones a las campañas. La financiación de las campañas sería libre para todos o, más exactamente, para quienes puedan pagar. "El

---

[40] Muchos politólogos que han estudiado el tema piensan que la publicidad negativa es muy efectiva, y que no parece disminuir las expectativas o el respeto del público por los políticos o por el sistema político.

mercado" determinaría quién consigue y cuánto. Quizá soy demasiado cínico, pero me cuesta mucho trabajo creer que las cosas serían muy diferentes de lo que hoy son, o de lo que serían si la Corte interpretara la Primera Enmienda en el sentido de que no impone límites a lo que las legislaturas –es decir, los políticos– puedan hacer para regular la financiación de las campañas. La misma Corte se ha referido a lo que los estudiosos de la financiación de las campañas llaman teoría "hidráulica" de las finanzas de las campañas: por más que se intente evitarlo, siempre se tendrá un sistema con fisuras a través de las cuales primero se filtrará el dinero y luego fluirá. La experiencia de otros países no es alentadora. El Partido Laborista británico fue golpeado por un escándalo por la venta de escaños en la Cámara de los Lores a cambio de contribuciones a la campaña, por ejemplo. Y luego aparece el Primer Ministro de Italia, Silvio Berlusconi, quien dedicó su inmensa fortuna a su carrera política. Aunque la Corte dijera que podemos regular la financiación de las campañas como deseemos, después podríamos encontrarnos tan insatisfechos como cuando empezamos.

Hay un punto final sobre la Corte Suprema. Para simplificar el argumento que desarrollo con más detalle en el segundo capítulo: la Corte Suprema interpreta la Constitución del modo en que lo hace porque es también parte y resultado de nuestro sistema político. Haciendo algunas concesiones por retrasos de tiempo y fallas imprevistas similares, podemos esperar que las interpretaciones de la Corte refuercen las posiciones constitucionales más congruentes con las del régimen político dominante. El ejemplo más claro que he presentado hasta ahora es el respaldo de la Corte al sistema bipartidista en el caso de la fusión de Minnesota. El ejemplo más problemático es la posición de la Corte sobre la regulación de la financiación de las campañas, aunque el segundo capítulo presenta algunos argumentos que nos pueden ayudar a entender por qué no sería incongruente con las preferencias de los políticos que la Corte invalide las leyes de financiación de las campañas que los políticos han promulgado.

La lección general es razonablemente clara: encarguemos a los políticos de las finanzas de las campañas, y ellos promulgarán leyes que refuercen la estructura de la política existente. Encarguemos a los jueces, e interpretarán la Constitución para –¡ajá!– reforzar la estructura de la política existente.

CONCLUSIÓN

En la sección anterior mostré que las interpretaciones constitucionales de la Corte Suprema trazan los contornos de nuestra política. Eso no sugiere que la Constitución importe en nuestra política debido a lo que ha dicho la Corte Suprema. Mucho más importantes son las características inmodificables –la división de poderes y el federalismo, por ejemplo– que afectan la forma en que se organizan los partidos. Las características están por supuesto en la Constitución. Así, es claro que la Constitución importa debido principalmente a esas características inmodificables. Vuelvo a la Corte Suprema en el capítulo siguiente, para examinar de qué manera importa la Corte Suprema. Veremos por qué la política también es allí importante.

CAPÍTULO DOS
¿DE QUÉ MANERA IMPORTA LA CORTE SUPREMA?

Suponga que la Corte Suprema revoca la decisión *Roe v. Wade* (o cualquier decisión de la Corte Suprema que usted desee). Un día las mujeres de todo el país tenían derecho a decidir si abortaban, si así lo querían. El día siguiente las mujeres de algunos estados, quizá muchos, no tendrían ese derecho. Obviamente esta es una situación en la cual la Constitución importa. O así parecería.

Las apariencias son engañosas –o, quizá más precisamente, el ejemplo no muestra que la Constitución importa sino que la Corte Suprema importa. E incluso eso no es tan claro cuando comenzamos a pensar en el ejemplo con más detalle. Porque, después de todo, cinco magistrados no simplemente se despiertan una mañana y se dicen a sí mismos", ¡Uf¡, nuestros antecesores cometieron un gran error en 1973. Debemos hacer algo al respecto". Daré detalles para cualificar la siguiente explicación bastante cruda de una decisión como la que imaginamos, pero la explicación cruda sirve de marco a este capítulo. Cinco magistrados deciden revocar *Roe v. Wade* porque uno o más de los presidentes que los postularon sabían que su orientación general en la interpretación constitucional los haría muy escépticos acerca de *Roe*, y esperaban que ese escepticismo eventualmente los llevaría a revocar esa decisión. Y los presidentes los postularon porque calcularon que obtendrían ventajas políticas de algunos grupos de electores importantes postulando magistrados de ese tipo. La historia general tiene grupos de electores políticos (a veces los académicos los llaman movimientos sociales) que influyen en los presidentes, de presidentes que escogen magistrados en respuesta a esos grupos de electores y de magistrados que interpretan la Constitución de maneras que favorecen a los grupos de electores.

La política decide cuándo importa la Corte Suprema. Y la política de la Corte Suprema tiene algunos patrones; no "leyes de la política" rígidas sino tendencias que ayudan a dar sentido a gran parte de la historia de la Corte. Estos patrones están relacionados con las ideas acerca de los regímenes, el liderazgo presidencial, los partidos políticos y el gobierno dividido o unificado que examinamos en el primer capítulo. Empezamos con el patrón más simple, que quizá sea el más importante históricamente, y después de analizar por qué se presenta el patrón pasamos a patrones más complicados.

La Corte Suprema y el gobierno unificado

Alexander Hamilton, uno de los fundadores, y Alexander Bickel, un destacado constitucionalista moderno, hicieron dos de las declaraciones más famosas sobre la Corte Suprema. En lo que hoy llamaríamos una

columna de opinión de un periódico, cuyo objetivo
era persuadir a los electores de Nueva York para que
respaldaran la Constitución propuesta, Hamilton intentó apaciguar la preocupación porque la nueva Corte
Suprema creada por la Constitución sería demasiado
poderosa. Hamilton señaló que la nueva Corte no
tendría "influencia sobre las armas ni sobre el tesoro;
no dirige la fuerza ni la riqueza de la sociedad […] Se
puede decir en verdad que no posee FUERZA NI VOLUN-
TAD, sino simplemente buen juicio; y que en últimas
depende de la ayuda de la rama ejecutiva incluso
para que sus sentencias tengan eficacia" Hamilton
parece decir que las nuevas cortes no serán efectivas
a menos que persuadan a los políticos para que las
secunden. Sus decisiones pueden contener razones
a las que los políticos presten atención, pero es claro
que los políticos prestan atención a mucho más que
eso. El problema que Hamilton trató con sutileza –o
que quizá suprimió conscientemente, porque escribía
con un propósito político específico– era este: ¿Qué
sucede si los electores de los políticos no consideran
convincentes las razones de la Corte? Hamilton parece decir que cuando eso sucede las decisiones de
la Corte no tendrá efecto sobre el tema. O, desde el
punto de vista de los políticos, lo que la Corte dice
es un dato para tener en cuenta al discernir qué les
conviene más, pero la decisión de la Corte no es la
última palabra sobre el tema.

Alexander Bickel, quien escribió en 1957 y reflejaba
siglo y medio de experiencia de interpretaciones constitucionales de la Corte Suprema en Estados Unidos,

acuñó la frase "dificultad contra mayoritaria" para describir lo que hacía la Corte Suprema. De acuerdo con Bickel, la Corte Suprema era una institución "anómala" en nuestra democracia, porque un puñado de funcionarios no elegidos, sin responsabilidad directa con el pueblo, tenían la facultad para invalidar decisiones tomadas por los representantes democráticamente elegidos; o, cuando se ocupaban de leyes adoptadas por referéndums o iniciativas populares, decisiones tomadas por el mismo pueblo. Para Bickel, la Corte Suprema estaba en cierto modo por encima de la política, no solo porque se suponía que en sus sentencias no influían consideraciones políticas en sentido estricto sino, algo más importante, porque sus decisiones *gobernaban* –regulaban o sustituían– las decisiones tomadas por los políticos.

Existe una tensión evidente entre las perspectivas de Bickel y de Hamilton. Una manera de ver la tensión es preguntar, ¿por qué un político toleraría un control de constitucionalidad ejercido tal como la describe Bickel? Después de todo, la Corte Suprema no tiene competencias relativas al tesoro ni a las armas, y parecería que Hamilton pensaba que un político podía ignorar seguramente una decisión de la Corte con la que estuviera en desacuerdo[1].

---

[1] Más precisamente: una decisión de la Corte con la que él considere que suficientes electores están en desacuerdo para que sea políticamente razonable oponerse a la Corte en vez de secundarla.

La respuesta, obvia para cualquier político, es que los políticos toleran el control de constitucionalidad porque lo consideran útil políticamente. Útil en general, es decir, aunque un fallo de la Corte ocasionalmente les cause algunas dificultades.

Así, ¿cómo puede ayudar la Corte Suprema a los políticos? La respuesta más general es que puede hacer cosas que los políticos no pueden hacer aunque lo deseen (en algún sentido). Aquí el mejor punto de entrada es pensar en una Corte Suprema durante un extenso periodo de gobierno unificado; cuando un régimen político ha estado vigente durante algún tiempo y parece sólidamente arraigado. El modelo para tener en mente es la Corte Suprema del New Deal/Great Society– o, para usar un término más convencional que oscurece la dinámica política, la Corte Warren en su apogeo.

La Corte Warren fue un instrumento del régimen político New Deal/Great Society. El profesor de Derecho L. A. Powe nos ha presentado el análisis detallado más agudo de la forma en que la Corte Warren se entrelazó con ese régimen político. De acuerdo con Powe, la mayoría de las decisiones de la Corte Warren se puede explicar agrupándolas en varias categorías. De nuevo, podemos examinar la categoría más simple para tratar de entender por qué los políticos usan a las cortes para tratar los problemas de esa categoría, y luego observar el mecanismo que los políticos emplean, antes de pasar a categorías más complejas.

Algunas veces la Corte Warren sometió los "casos atípicos" locales a reglas extendidas y ampliamente aprobadas a lo largo de la nación. *Griswold v. Connecticut* invalidó la ley penal de ese estado que prohibía el uso de anticonceptivos, incluso a las parejas casadas e incluso cuando los prescribía un médico. En esa época, Connecticut era uno de los dos estados en donde esa ley estaba en los códigos[2]. Y gran parte del trabajo de la Corte Warren involucró leyes similares; que aparecía en códigos de algunos estados pero no realmente aprobados por la mayoría nacional en cuya representación trabajaba la Corte Warren.

Aquí vale la pena hacer una pausa para observar que podemos entender este tratamiento de los casos atípicos localizados de diferentes maneras.

– *Nacionalismo contra derechos de los estados.* Los liberales de la Corte Warren eran (¿son?) también nacionalistas en vez de federalistas. Ellos tienden a pensar que las reglas que regulan nuestra vida personal deben ser casi idénticas en todas partes del país. El hecho de que la Corte Warren invalidara una ley que podía tener el respaldo de una mayoría local en nombre de una mayoría nacional no preocupa a los nacionalistas. Incluso ni siquiera lo consideran "contra" mayoritario, porque para ellos la mayoría nacional es lo único que cuenta.

---

[2] Mi experiencia en charlas con no especialistas sobre *Griswold* me lleva a subrayar que Connecticut realmente no criminalizó el *uso* de anticonceptivos. Nunca procesó a nadie por utilizarlos, por supuesto. *Griswold* fue el proceso contra un operador clínico por "auxiliar e instigar" el uso ilegal distribuyendo anticonceptivos a parejas casadas cuyos médicos los prescribieron.

– *Superación de los bloqueos políticos percibidos*. Otra manera de entender el problema que la Corte Warren tuvo con Connecticut se refiere directamente a la política. Apoyándose en trabajos de otros académicos, Powe muestra que los esfuerzos por revocar la prohibición de los anticonceptivos de Connecticut fueron bloqueados por políticos que estaban de acuerdo con la posición de los obispos católicos del estado o que pensaban que sus escaños estaban en peligro si disentían de esa posición. Los liberales interpretaron que esto indicaba que en condiciones políticas "normales" la mayoría de los votantes de Connecticut no respaldaría la prohibición de los anticonceptivos. Dar sentido aquí a la palabra "normales" es truculento y quizá no se le pueda dar de una manera defendible. Los liberales de los años sesenta no se preocupaban por eso. Tal como veían las cosas, una decisión como la de *Griswold* no era contra mayoritaria ni siquiera en términos locales, porque la mayoría local real –si se le hubiera dado una justa oportunidad– habría suprimido la ley. Desde esta óptica la Corte Warren realmente estaba ayudando a la mayoría local real, que enfrentaba obstáculos injustos en el proceso político local.

– *"Lugares rezagados"*. La última manera de entender el tratamiento de casos atípicos como el de Connecticut es que son lugares rezagados a los que aún no han llegado las corrientes nacionales que se extienden por otros estados. Con tiempo suficiente, Connecticut habría logrado revocar la prohibición del uso de anticonceptivos. Todo lo que la Corte Suprema hizo fue adelantar un poco el día de la revocación. Aquí la acción de la Corte sería contra mayoritaria en el corto plazo, pero pro mayoritaria en el largo plazo; al menos si la predicción de la Corte sobre las tendencias nacionales y sus efectos locales fuera correcta.

En todas estas variantes, la mayoría de los políticos –ciertamente en el nivel nacional, y quizá también localmente– "quería" eliminar las leyes en los estados atípicos debido a su compromiso con los principios del New Deal y la Great Society. ¿Por qué dejaron la tarea a la Corte Suprema? Ante todo porque los políticos tenían otras cosas más importantes que hacer (y en parte porque les tomó algún tiempo darse cuenta que tenían los instrumentos constitucionales para sustituir las leyes estatales). Tenían que desarrollar el sistema nacional de derecho laboral, diseñar y poner en práctica un sistema de seguridad social, enfrentar las crisis internacionales y mucho más. Asignaron la tarea de cernir las leyes a la Corte Suprema[3].

Griswold involucró una ley que era un caso atípico "geográfico". También existen lo que podemos llamar

---

[3] Hay un área del Derecho Constitucional, que involucra la llamada cláusula de comercio latente, cuya estructura doctrinal –en cuanto difiere del contexto político– se entiende mejor recurriendo a este uso de las cortes por el Congreso. Aunque es importante porque trata de la capacidad de los gobiernos estatales para regular a las corporaciones que operan a escala nacional, el área es muy técnica, y aquí no se justifica explicar en detalle la doctrina.

casos atípicos "temporales": viejas leyes promulgadas antes de que se establezca el régimen estable actual. Estas leyes no pueden ser promulgadas en el nuevo régimen, pero es difícil revocarlas. En parte porque los nuevos regímenes nunca eliminan totalmente a los representantes del antiguo orden. Lyndon Johnson tenía grandes mayorías demócratas en la Cámara y el Senado, pero no eran abrumadoras. Los opositores de la Great Society aún ocupaban cargos estratégicos en el Congreso. Ellos no podían promulgar nada por sí mismos, pero podían obstruir algunas iniciativas. Las leyes ya vigentes son buenos objetos para ese tipo de obstrucción. La revocación de viejas leyes también es difícil, por la misma razón que es difícil disciplinar los casos atípicos geográficos. Toma tiempo y energía política que se pueden dedicar a otras tareas más importantes. Así, una vez más, los políticos usan a las cortes para cernir la legislación. Después de alguna vacilación, la Corte Warren encontró violaciones a la Primera Enmienda en un buen número de leyes promulgadas en los años cuarenta y cincuenta para tratar la amenaza percibida del Partido Comunista doméstico y sus aliados. En los años sesenta y setenta estas leyes eran anomalías temporales, que casi con certeza no habrían sido promulgadas en ese entonces, pero cuya derogación no se podía lograr en el Congreso. Los políticos liberales estaban felices al descubrir que la Corte Warren estaba dispuesta a hacer una tarea que ellos querían hacer pero que no podían llevar a cabo políticamente.

En un nivel casi inferior está la muy limitada "Revolución del Federalismo" de los últimos años de la Corte Rehnquist. Antes de que los republicanos tomaran el control de la Cámara y del Senado, la Corte Rehnquist declaró inconstitucional una ley por que invadía las prerrogativas estatales[4]. Después de 1994 vinieron algunas invalidaciones más. El ejemplo típico de la Revolución del Federalismo fue una decisión que declaró inconstitucional una ley que convertía en delito federal el porte de un arma de fuego cerca de una escuela; una ley resultante del exhibicionismo político del Senador Herbert Kohl (demócrata de Wisconsin), y que el Congreso Republicano nunca habría adoptado. Así sucedió también con algunas otras decisiones que formaron parte de la endeble Revolución del Federalismo. La Corte Suprema hizo alguna criba de la legislación, librándose de leyes que no se podrían haber promulgado después de 1994.

Los políticos utilizan a la Corte Suprema en una forma adicional. Los presidentes reconstructivos transforman las instituciones políticas de la nación, enfrentando la doctrina constitucional anterior que a veces se interpone en su camino. Una vez que un régimen reconstructivo se torna resistente y estable, los presidentes necesitan deshacerse de la vieja doctrina ahora verdaderamente obsoleta. Una vez obtienen el control de la Corte Suprema, sus nominados adaptan

---

[4]	La Corte Burguer invalidó otra ley por razones de federalismo, pero esa decisión fue derogada pocos años después.

la doctrina a los nuevos principios del régimen. Así es como la Constitución llegó a adaptarse a la expansión del poder nacional que acompañó al New Deal. Esto tiene otra cara. Cuando un régimen degenera, los políticos sagaces pueden prever una pérdida inminente del poder en el Congreso y la presidencia, y pueden sacar ventaja de todos los vacíos que se presentan al emitir una póliza de seguros de las políticas públicas que han logrado promulgar, considerando que las cortes están integradas por magistrados relativamente jóvenes que encontrarán inconstitucionales los esfuerzos del nuevo régimen para transformar esas políticas. La póliza de seguros no puede durar para siempre, por supuesto, pero quizá lo mejor que estos políticos puedan hacer es preservar en las Cortes, durante un tiempo, el régimen derruido.

Casi por definición los "casos atípicos" no son importantes para la nación como un todo, no importa cuán difícil hagan la vida en un estado u otro. Sin embargo, algunos estudiosos han extendido la idea para cubrir casos en los que hay una considerable minoría de estados que sigue una política que la mayoría nacional considera inconstitucional. Un ejemplo es la segregación en el Sur antes de *Brown v. Board of Education.* Las encuestas de opinión de comienzos de los años cincuenta indicaban que la mayoría nacional no aprobaba la segregación. En términos políticos, los afromericanos del Norte urbano eran un componente cada vez más importante de la coalición del New Deal. La segregación fue un resultado del predominio político de los políticos blancos conservadores del Partido Demócrata en el Sur, y ayudó a mantenerlo. La eliminación de la segregación habría fortalecido a los liberales del partido sumando las voces y los votos afromericanos al partido en el Sur. Los miembros de la Corte de la época eran políticos sofisticados y tendían a ser relativamente liberales en asuntos raciales. Hugo Black había sido senador, Robert Jackson había sido Fiscal General y cercano asesor personal de Roosevelt. Incluso magistrados que hoy son desconocidos eran políticos de las ligas mayores antes de ser nombrados en la Corte: Sherman Minton senador, Harold Burton famoso alcalde reformista de Cleveland y senador. Cuando Robert Jackson preguntó, durante las deliberaciones de la Corte sobre los casos de segregación, por qué se pedía que la Corte la declarara inconstitucional si la mayoría nacional se oponía a esa política y en teoría podía exigir que el Congreso actuara, él sabía la respuesta. El monolítico Partido Demócrata del Sur combinado con el uso de la antigüedad en el Congreso mantenía durante largo tiempo a los sureños, que podían ser reelegidos sin oposición en cargos estratégicos del Congreso que les permitían bloquear la legislación contra la segregación.

Los académicos generalizaron el enfoque que acabo de esbozar. Los políticos y los jueces –argumentan– responden más a la política y a las opiniones constitucionales de las élites de la nación que a las opiniones de sus votantes. Los votantes imponen algunas restricciones a lo que las élites pueden hacer, pero en general las élites logran su propósito. De ese modo, si las élites de la nación se oponían a la segregación, como indudablemente se opusieron, así lo hacía la Corte. O, más recientemente, si las élites de la nación apoyan los derechos de los gays y las lesbianas más fuertemente que los electores de la nación, así lo hará la Corte.

Hay sin duda algo en estas historias, pero creo que simplifican excesivamente las cosas. Restan importancia a los compromisos ideológicos asociados a los regímenes políticos y se enfocan muy estrechamente en las preocupaciones políticas inmediatas. Los ideales de igualdad asociados al New Deal tuvieron algo que ver con *Brown*, por ejemplo. Y, más en general, las explicaciones basadas en la élite amenazan con explicar demasiado. Si la Corte invalida una política impopular, simplemente está actuando contra un caso atípico. Si invalida una política popular, simplemente está haciendo lo que quieren las élites de la nación. Si actúa contra las opiniones de gran parte del pueblo y de las élites estadounidenses, simplemente está actuando en nombre de un interés político en sentido estricto (pensemos aquí en *Bush v. Gore*, caso en el que cinco magistrados conservadores dieron la presidencia a George W. Bush después de una elección que dividió a la nación y a sus élites de manera uniforme). No hay nada que no se pueda explicar de esta manera.

Antes de pasar a escenarios más complicados, debemos reunir los indicios que he presentado para explicar cómo surgen los patrones que esbocé.

La política de la selección judicial

El mecanismo básico que conecta a la Corte Suprema con la política es por supuesto el proceso de nominación y selección. La Constitución da al presidente la facultad para nominar a los magistrados de la Corte Suprema y al Senado la responsabilidad de votar para confirmar las nominaciones. Esto significa que el proceso de selección judicial es político hasta la médula. Los presidentes escogen candidatos para satisfacer demandas políticas, y los senadores votan para respaldar u oponerse a la confirmación para satisfacer las demandas políticas a veces diferentes que enfrentan.

Esto no significa que la política de las nominaciones judiciales haya sido siempre igual a lo largo de nuestra historia. Lo que significa es que la política de las nominaciones judiciales refleja otras cosas que ocurren en la política de la época. En el nivel más general, el proceso político de las nominaciones judiciales es igual a otros procesos que caracterizan a la elaboración de políticas de cada época. Y esos procesos cambian con el tiempo, aunque en cada momento de nuestra historia podemos ver ejemplos de procesos más antiguos.

– *Política de corto plazo*. A veces los presidentes usan las nominaciones para lograr objetivos políticos de corto plazo. En 1956 el Presidente Dwight Eisenhower, republicano, tuvo que llenar una vacante mientras aspiraba a la reelección. Él y sus asesores querían fortalecer el respaldo de los católicos urbanos del

nordeste, y nominó al magistrado de la Corte Suprema de New Jersey William Brennan, católico, para
el cargo. Pero la política de corto plazo suele ser un
factor menor en el proceso de nominación, porque las
vacantes de la Corte Suprema surgen en forma muy
aleatoria. Aunque todo presidente siempre enfrenta
algunos problemas políticos de corto plazo, solo unos
cuantos se pueden atenuar con una nominación a la
Corte Suprema, y el presidente puede no enfrentar
uno de esos problemas especiales cuando surge una
vacante. Es difícil que la política de corto plazo haya
intervenido en la nominación de Stephen Breyer por
Bill Clinton o en la nominación de John Roberts por
George W. Bush, por ejemplo.

– *Clientelismo*. En la década de 1880, la política
estaba dominada por el clientelismo, y el gobierno se
estructuraba en torno a los partidos como proveedores
de cargos. De este modo las nominaciones a la Corte
Suprema se llevan a cabo mediante nombramientos
clientelistas. Quizá el ejemplo más dramático, hoy
olvidado, sea el rechazo del Senado a la nominación
de Ebenezer Hoar por el Presidente Ulysses S. Grant
para una vacante en la Corte Suprema. Hoar era sumamente calificado, había sido juez de la Corte Suprema
de Massachusetts y Fiscal General de Grant. Pero el
Senado, dominado por los republicanos, rechazó al
candidato del Presidente republicano Grant porque
los líderes del Senado querían que el cargo se diera a
alguien ligado a su facción del Partido Republicano.
Más recientemente el clientelismo se transformó en
la política de la representación.

– *La política de la representación*. A lo largo de nuestra historia los presidentes han usado las nominaciones a la Corte Suprema para asegurar que allí estén representados los intereses políticamente importantes (para ellos). Durante gran parte de la historia de la nación la dimensión más importante de la representación fue la regional. Los presidentes querían asegurar que la población del país pudiera pensar de manera realista que el presidente y su partido la representaban, y una manera de enviar ese mensaje era mantener la representación regional en la Corte Suprema. Franklin Roosevelt decidió postular a Wiley Rutledge en 1943 en gran parte porque, a diferencia de otros candidatos, a Rutledge, criado en Nuevo México y en Colorado, se le consideraba representativo de la región del Oeste.

La representación regional desapareció como preocupación a finales del siglo xx, pero siguieron siendo importantes otras dimensiones de la representación. En lo que resta del siglo xxi, es difícil imaginar una Corte Suprema sin al menos una mujer y quizá más, sin un afromericano, y ahora sin alguien de origen hispano. La religión solía ser importante, al menos hasta el punto en que la gente podía hablar de uno o dos escaños "judíos" y "católicos" en la Corte, pero la representación religiosa hoy parece haber desaparecido de la vista[5].

---

[5] En el presente, la Corte Suprema tiene seis miembros católicos, dos judíos y solo un protestante; un logro notable en vista de la historia de la nación y de su actual composición demográfica.

–*Ideología*. Los lectores familiarizados con las nominaciones judiciales recientes quizá piensen –correcta-
mente– que hoy las nominaciones se basan en la
ideología judicial. Los presidentes y senadores se
preguntan: ¿este candidato es conservador judicial
o liberal judicial? El enfoque en la ideología es relativamente reciente. Su surgimiento está ligado una vez
más a la política del proceso de nominación. Al ver
que el régimen de la Great Society se tornó vulnerable,
los candidatos republicanos empezando por Barry
Goldwater calcularon que "lanzarse en oposición a
la Corte" era un componente de una estrategia política ganadora. Presentaron a los votantes su visión
constitucional, muy distinta de la visión de la Corte
Warren. Y, una vez elegidos, trataron como mejor
pudieron de darle cumplimiento, es decir, dentro de
las restricciones políticas que enfrentaban.

Aquí tenemos que retornar a los problemas de la
estructura de partidos en regímenes políticos sucesivos. Desde Richard Nixon hasta George W. Bush
el Partido Republicano se volvió gradualmente más
homogéneo y conservador ideológicamente. Richard
Nixon escogió a sus candidatos dentro de un partido
con una significativa facción nororiental rockefelleria-
na, por lo menos moderada y quizá razonablemente
liberal en temas como la discriminación racial y la
intimidad sexual. Y fue presidente cuando los demócratas controlaban el Senado. El resultado: Nixon se
centró en consideraciones políticas estrictas al hacer
sus nominaciones a la Corte Suprema. Para fortalecer
al Partido Republicano en el sur, buscó a un sureño

y, después de que sus nominaciones de un juez de
Carolina del Sur y uno de Florida fracasaron, escogió al abogado comercialista y virginiano Lewis F.
Powell; por razones de representación y no porque
Powell cumpliera criterios ideológicos rigurosos (no
los cumplía; era un demócrata más bien conservador y
no un partidario ideológico). Nixon basó su campaña
en una plataforma de fortalecimiento de lo que llamó
las "fuerzas de la paz", es decir, la policía, y nominó
a magistrados que él pensaba, exactamente, que en
general fallarían contra los acusados de delitos cuya
defensa invocara razones constitucionales.

Cuando el Partido Republicano se volvió más conservador, los presidentes republicanos ya no tenían
que satisfacer a los remanentes del ala nororiental
del partido. Podían centrar su atención en candidatos
que les parecían confiablemente conservadores. Y,
en conjunto, fue es lo que hicieron. Hubo un nuevo
fracaso del Presidente Reagan –la nominación de
Robert Bork, derrotado en el Senado– durante el
gobierno dividido, cuando los demócratas controlaban el Senado (y cuando Reagan, en su segundo y
final mandato, estaba políticamente debilitado por
el escándalo sobre el tráfico de armas para los contra
nicaragüenses a cambio de la liberación de rehenes
por grupos asociados a Irán).

El Partido Demócrata no tendió tan decisiva o
rápidamente a la homogeneidad ideológica. Bill Clinton, el único demócrata que tuvo la oportunidad de
nominar a un magistrado entre 1968 y 2009, entendió
que estaba actuando dentro de las restricciones de la

Revolución de Reagan, y que facciones importantes de su partido respaldaban una agenda política relativamente conservadora. Él nombró dos magistrados, ambos "liberales", cuando evaluó la composición general de la Corte, pero bastante moderados en comparación con los liberales de la Corte Warren.

Los grupos de interés circundan a los partidos. Los grupos de interés tradicionales a veces desempeñaron un papel importante en las nominaciones a la Corte Suprema. Los sindicatos de trabajadores se unieron a la Asociación Nacional para el Progreso de la Gente de Color a fin de derrotar la nominación del Juez John J. Parker, postulado por el Presidente Herbert Hoover en 1930, por ejemplo. Pero en general esos grupos de interés se mantuvieron en segundo plano. La transformación gradual de los partidos en los últimos veinticinco años de finales del siglo produjo un nuevo tipo de grupo de interés, organizado para promover una ideología en vez de la cartera de intereses de sus seguidores. Empezando por la nominación de Bork en 1987, los grupos ideológicos de interés hicieron vigorosas campañas en torno a las nominaciones a la Corte Suprema. Sus efectos no son claros; la nominación de Bork fracasó debido a las circunstancias políticas desfavorables para el Presidente Reagan, y los ataques de los grupos de interés al Juez Bork no marcaron una gran diferencia. No obstante, cuando los partidos se hicieron cada vez más homogéneos, los grupos ideológicos de interés encontraron que las nominaciones judiciales eran un

foco útil para sus esfuerzos de recaudo de fondos y
quizá para alguna educación pública.

EL MITO DE LAS APTITUDES Y LOS ERRORES

No podemos describir exactamente la política del
mundo real de las nominaciones judiciales sin prestar
atención a la política; a veces a la política de corto plazo, como en la nominación de Brennan por
Eisenhower, y a veces de largo plazo, como en la
reciente escalada de preocupaciones por la filosofía
o ideología judicial.

Algunos políticos y sus acólitos de la prensa y
(desafortunadamente) de la academia pretenden que
hay algo llamado "aptitudes" –capacidad y carácter,
principalmente– que debe ser el centro de atención
exclusivo en el proceso de nominación. Ellos pretenden
que los presidentes solo buscan candidatos "calificados", y que escogen a la persona "mejor" calificada
entre las que reciben su atención. Eso ocurrió –una
vez– en el siglo xx, cuando el Presidente Herbert
Hoover postuló a Benjamin Cardozo. Después de
eso, no volvió a ocurrir. El nadir de esta pretensión
fue la declaración del Presidente George H. W. Bush,
quizá involuntaria, de que Clarence Thomas era la
persona más cualificada para un cargo en la Corte
Suprema cuando estaba escogiendo candidatos en
1991. Thomas era claramente calificado en un sentido básico, y ha tenido un sólido desempeño como
magistrado de la Corte Suprema, pero era necio decir
entonces, como sería necio decir ahora, que era la

persona mejor calificada disponible para el cargo. Las declaraciones de que el proceso de nominación se debería preocupar únicamente por las aptitudes son en sí mismas posiciones encaminadas a llevar a cabo una agenda política. No hay nada erróneo en eso, pero nunca se debería pensar que esas declaraciones se basan en un análisis políticamente neutral de lo que exige nuestro sistema constitucional.

Los periodistas a veces centran la atención en los casos en los que el presidente fue supuestamente sorprendido por lo que hicieron los magistrados que postuló. Los errores y las sorpresas son muy raros. Los presidentes que prestan atención usualmente consiguen lo que estaban buscando en los candidatos a la Corte Suprema. Lo que los periodistas llaman "sorpresas" ocurre principalmente cuando los presidentes no buscan beneficios políticos provenientes de los compromisos ideológicos de un candidato.

Los ejemplos modernos que mencionan los periodistas son Earl Warren y William Brennan, liberales nominados por el Dwight Eisenhower más conservador; Harry Blackmun, quien se volvió más liberal con el paso del tiempo; y David Souter. En realidad, Eisenhower sabía lo que obtendría ideológicamente cuando nombró a Warren y Brennan; el primero, un republicano con larga trayectoria como progresista en el Partido Republicano, y el segundo, un demócrata liberal urbano del norte. Pero en la época de las nominaciones, a Eisenhower le interesaban más otros beneficios políticos de las designaciones que la ideología. De hecho, Eisenhower se posicionó en el

Partido Republicano como alguien que aceptaba las
premisas básicas del New Deal de Franklin Roosevelt,
y Warren y Brennan también estaban comprometidos
con la visión constitucional del New Deal. Algo similar
se puede decir de Souter; alguien que hubiera prestado
atención a sus antecedentes, para no mencionar lo que
realmente dijo durante las sesiones de confirmación,
habría entendido que Souter era un republicano liberal
del nordeste[6]. Simplemente el Partido Republicano se
deshizo de esa ala del partido entre la nominación de
Souter y su jubilación. Harry Blackmun es quizá el
único caso real de un nombramiento que resultó ser
una sorpresa, y aun allí la historia es más complicada.
El presidente Richard Nixon nombró a Blackmun
como juez defensor de la seguridad, y durante gran
parte de la carrera de Blackmun fue un voto confia-
ble que respaldó las prácticas policivas contra los
recursos de inconstitucionalidad. Y, con respecto a lo
que se convirtió en el tema bandera de Blackmun, el
aborto, es importante recordar que un componente
significativo del Partido Republicano cuando Nixon
nominó a Blackmun era la facción del "country club
republicano", que no se sentía incómodo con el derecho al aborto y a menudo lo apoyó.

---

[6] John Sununu, jefe del gabinete de Bush, quien probablemente lo
conocía mejor, vendió a Souter como conservador a los conservadores, casi con certeza (en mi opinión) porque Sununu entendía
que la nominación de Souter era un hecho consumado.

Los magistrados rara vez sorprenden a los presidentes que los nominaron en los asuntos a los que los presidentes prestaron atención. No así en otros asuntos, por dos razones.

– *Épocas y cambios en los partidos políticos*. Los magistrados de la Corte Suprema desempeñan el cargo todo el tiempo que deseen. Los presidentes no. Como muestra el ejemplo del Partido Republicano moderno, los partidos políticos cambian; a veces sustancialmente, y a veces cuando en la Corte Suprema hay algunos magistrados, incluso la mayoría, nombrados por un presidente del partido en su encarnación anterior. Los miembros del partido actual pueden sentirse decepcionados por lo que están haciendo quienes fueron nombrados por "su" partido. Eso no significa necesariamente que los presidentes de su partido cometieron errores; puede significar que el partido es hoy diferente de lo que era cuando se hicieron los nombramientos.

– *Paquetes*. Los presidentes nominan personas que consideran confiables en los asuntos que más les preocupan. Franklin Roosevelt quería magistrados que respaldaran la expansión del poder nacional asociada al New Deal. No le preocupaban mucho las posiciones que sus candidatos tomaran en asuntos de derechos y libertades civiles. No podían haberlo hecho Roosevelt cuando nominó tanto a Frank Murphy, sumamente liberal en esos asuntos, como a James Byrnes, un político sureño racista estándar de la época. Ambos eran, sin embargo, seguidores confiables del New Deal en los temas del poder nacional, y eso era lo que

Roosevelt quería. Sin embargo, muchos seguidores confiables del New Deal (no todos) eran también razonablemente liberales en asuntos de derechos y libertades civiles. Y de ese modo la Corte Roosevelt sentó los fundamentos del liberalismo de la Corte Warren, no porque eso fuera lo que Roosevelt intentaba lograr sino como efecto secundario de lo que sí logró con éxito.

La política de las nominaciones judiciales es la política de la época, sea la que sea. El patrón que he descrito de una Corte Suprema que funciona en colaboración con un régimen político dominante resistente proviene de la política de dicho régimen. Ese tipo de régimen tiene compromisos básicos con una visión de cuáles deben ser las políticas de nuestra nación. Los presidentes escogen magistrados de la Corte Suprema que, según creen, comparten esos compromisos. Y, cuando un régimen es dominante y resistente, es probable que los presidentes sean muy buenos para evaluar las creencias de los nominados.

Aquí es importante subrayar que nada de lo que he dicho hasta ahora supone que los magistrados piensen realmente en la política o que lo que están haciendo ayuda o perjudica a los presidentes que los nombraron. Eso ocurre ocasionalmente. A comienzos de los años sesenta la Corte Suprema estaba considerando algunos casos relacionados con las protestas encaminadas a eliminar la segregación en los restaurantes y almacenes del sur. Según la doctrina existente era difícil que los liberales de la Corte explicaran por qué los manifestantes no podían ser condenados por diversas violaciones de la ley. Durante algún tiempo a duras penas lograron mayorías favorables a argumentos estrictos que permitían rescindir las condenas. En 1963 y 1964, sin embargo, la estrategia de los liberales llegó a su límite, y la Corte empezó a examinar los problemas doctrinales centrales. Cuando se emitieron los votos tentativos, parecía que los manifestantes iban a perder. El magistrado William Brennan hizo maniobras desesperadas para evitar que la Corte emitiera su decisión mientras el Congreso debatía el proyecto de la Ley de Derechos Civiles, diciendo a sus colegas que una decisión contra los manifestantes haría más difícil conseguir los votos a favor de la Ley en el Congreso.

Este tipo de atención directa a la política es raro. El mecanismo que conecta a la Corte Suprema con la política es indirecto y, por tanto, imperfecto. Los presidentes escogen como magistrados a quienes creen que tienen visiones constitucionales congruentes con su agenda política, incluidos asuntos en disputa política, como la legislación del New Deal para Franklin Roosevelt, y las agendas más amplias que los presidentes buscan adelantar durante un periodo más largo. Cuando las cosas marchan bien, los magistrados simplemente interpretan la Constitución tal como la entienden, y así es como el presidente quería que la entendieran. Desde su propio punto de vista, es decir, desde adentro, los magistrados son totalmente sinceros al decir que no están haciendo más que interpretar la Constitución y que no prestan ninguna atención a la política. Hay algo que admirar en un diseño constitucional

que integra en forma coherente la ley y la política;
aunque no es claro que una persona, bien sea un juez
o un ciudadano común, que reflexiona acerca de sus
propias posiciones, pueda ser tan generosa respecto
de las motivaciones de quienes están al otro lado de
la disputa constitucional.

Presidentes reconstructivos y regímenes degenerativos

Como hemos visto, no todos los regímenes son domi-
nantes y resistentes. Empiezan consiguiendo apoyo
y eventualmente degeneran. Pero hay una constante:
los magistrados de la Corte Suprema tienen el cargo
de por vida, lo que significa que los nuevos regímenes cuyos presidentes esperan reconstruir el orden
político enfrentan una Corte Suprema dominada por
magistrados nombrados durante el régimen que el
presidente intenta sustituir, y que la mayoría de los
magistrados existentes cuando un régimen está en
sus últimas etapas son remanentes de la época en
que ese régimen era joven y vigoroso. Esta es una
fórmula para dificultades e incluso para crisis constitucionales.

En este punto tenemos entonces que modificar la
proposición que enuncié al comienzo de este capítulo.
Empecé diciendo que los políticos toleran el control
de constitucionalidad porque las Cortes les ayudan en
algunas de sus tareas políticas. Lo dije para destacar
la conexión entre lo que la Corte Suprema dice que
significa la Constitución y las estructuras políticas que

examinamos en el primer capítulo. Ahora veremos ejemplos de los problemas que el control de constitucionalidad causa a los políticos, pero el objetivo básico es el mismo: mostrar la conexión entre las estructuras políticas y la Corte Suprema, para que podamos entender de qué manera importa la Constitución tal como la interpreta la Corte Suprema.

Presidentes reconstructivos y cortes remanentes. Los presidentes reconstructivos llegan al cargo con una agenda de política que consideran consistente con la Constitución bien entendida. Pero, cuando ellos llegan al cargo, la Corte Suprema ha estado articulando un conjunto diferente de interpretaciones constitucionales. Después de todo, es por eso que el presidente necesita "reconstruir" el orden constitucional. Partes importantes de la agenda política del presidente serán inconsistentes con los principios constitucionales que la Corte ha estado aplicando durante años, quizá durante décadas.

Y, muy importante, el presidente llega solo. Tiene que aceptar a la Corte tal como es hasta que tenga una oportunidad –y es una oportunidad, un evento casi aleatorio– de nombrar nuevos magistrados. El resultado es una alta probabilidad de que la "vieja" Corte Suprema encuentre inconstitucionales algunas partes importantes de la "nueva" agenda política.

El paradigma de la Corte remanente que causó una crisis constitucional es la Corte Suprema de los años treinta. Los republicanos controlaban el gobierno nacional hasta que la Gran Depresión desprestigió a su partido. Los presidentes republicanos eran "conservadores" en el sentido moderno, pero el Partido Republicano que lideraban era una coalición. Muchos republicanos tomaron como modelo a William Howard Taft, presidente de 1909 a 1913; y Taft era Presidente de la Corte de la Corte Suprema cuando golpeó la Depresión. Pero otros tomaron como modelo a Theodore Roosevelt, más progresista. Como Presidente de la Corte, Taft impulsó a sus candidatos entre los presidentes republicanos de los años veinte, y tuvo algún éxito. Pero el éxito no fue completo, y cuando Franklin Roosevelt se convirtió en presidente e inició las agresivas políticas económicas nacionales que conocemos como el New Deal, la Corte estaba dividida entre cuatro magistrados muy conservadores, varios relativamente liberales, y un par de magistrados moderadamente conservadores que mantenían el equilibrio de poder dentro de la Corte.

Aquí el resultado fue la crisis constitucional de 1936-1937, cuando los conservadores de la Corte invalidaron elementos centrales del New Deal y enunciaron doctrinas constitucionales que amenazaban al New Deal en su conjunto. Franklin Roosevelt respondió proponiendo "rellenar a la Corte", ampliando el número de integrantes de modo que pudiera nombrar suficientes magistrados nuevos para neutralizar las objeciones de los conservadores. El plan de "relleno" de la Corte estuvo a punto de tener éxito. No lo alcanzó, casi con certeza, porque el líder de la mayoría del Senado, un enérgico defensor del plan y probable candidato a ocupar unos de los nuevos cargos, murió de un ataque al corazón, posiblemente inducido por el estrés de la lucha legislativa durante el cálido verano de Washington.

La crisis se resolvió, sin embargo, primero por lo que los eruditos de la época describieron como el "cambio de tiempo que salvó a los Nueve" –los votos que emitió el magistrado Owen Roberts en apoyo de los programas del New Deal y aparentemente incompatibles con sus votos de pocos meses antes– y luego por una rápida sucesión de jubilaciones de la Corte[7]. El orden constitucional del New Deal llegó a dominar en la Corte Suprema a través del mecanismo usual de nuevos nombramientos en remplazo de los salientes.

Para nuestros propósitos, la característica importante de la historia de 1937 es su estructura: Franklin Roosevelt, un presidente reconstructivo, tuvo que lidiar con una Corte Suprema moldeada por el régimen que se proponía transformar radicalmente con apoyo de una mayoría sustancial del pueblo estadounidense. Dadas las circunstancias, era inevitable una grave

---

[7] Hoy, algunos estudiosos cuestionan la afirmación de que Robert cambió su voto en respuesta a desarrollos políticos externos como el plan de "relleno" de la Corte. Aún no he terminado la investigación sobre este período y mis conclusiones pueden cambiar, pero en el presente mi opinión es que Robert no entendió que había cambiado de posición drásticamente; los desarrollos externos a la Corte quizá tuvieron una tenue influencia en la forma en que Robert interpretó los materiales puramente jurídicos que tuvo que tratar; y los observadores externos no estaban totalmente equivocados en su opinión casi unánime de que algo dramático había sucedido en la Corte.

confrontación. Pero creo que la Corte quizá habría cedido antes de ser empujada; lo que es una forma de confrontación.

Las presidencias reconstructivas son raras, y la más reciente, la de Ronald Reagan, no provocó una crisis constitucional, lo cual debería precavernos para no tratar el esquema que estoy describiendo como un "modelo" mecánico de la manera en que importa la Corte Suprema. Una razón de la diferencia entre los efectos de la Revolución del New Deal y la Revolución de Reagan sobre las relaciones entre la Corte Suprema y el presidente es que el orden del New Deal/Great Society degeneró gradualmente, y mientras tanto Richard Nixon pudo nombrar magistrados relativamente conservadores en la Corte Suprema. Cuando Reagan asumió el cargo, la Corte ya había cambiado bastante. Otra razón es que la Revolución de Reagan nunca repudió por completo del New Deal y la Great Society. El Congreso no promulgó leyes dramáticamente incompatibles con las interpretaciones constitucionales anteriores porque los demócratas controlaron una o ambas cámaras del Congreso durante gran parte del periodo transcurrido entre la elección de Reagan y los primeros años del siglo actual. Y, por último, quizá lo más importante, el Partido Republicano solo se volvió ideológicamente homogéneo en forma gradual. Todos los republicanos nominados eran relativamente conservadores, pero algunos –William Rehnquist y Antonin Scalia, por ejemplo– eran consistente y fuertemente conservadores, mientras que otros, como Sandra Day O'Connor y Anthony Kennedy, eran "republicanos del country club" más moderados. Solo durante la presidencia de George W. Bush, las nominaciones a la Corte Suprema fueron producto de un Partido Republicano ideológicamente homogéneo, y no es sorprendente que los nominados fueran dos fuertes conservadores. Durante la era de Reagan, la Corte se inclinó a la derecha, más rápidamente que el Congreso e incluso que la presidencia. Pero "inclinarse" no es algo que produzca confrontación constitucional.

Un comentario final, bastante especulativo: hay posibilidades de que Barack Obama sea un presidente reconstructivo. De ser así, enfrentará una Corte Suprema dominada por magistrados muy conservadores. Y esos magistrados son relativamente jóvenes. Si el Presidente Obama fuera reelegido, dejaría la presidencia a comienzos de 2017, cuando el fuerte conservador más viejo de la Corte podría ser Antonin Scalia, quien con ochenta años sería más joven que el magistrado John Paul Stevens en 2010. Podríamos encontrarnos frente a una nueva versión de la confrontación del "Nuevo Deal" entre Franklin Roosevelt y la Corte Suprema.

Regímenes degenerativos y cortes desconectadas. Como hemos visto, en su apogeo la Corte Warren colaboró con el presidente y Congreso para poner en práctica los compromisos constitucionales del New Deal y la Great Society, como el nacionalismo y los derechos civiles de los afromericanos. A finales de los años sesenta ese régimen constitucional daba sus últimos pasos, pero la Corte Warren lo mantuvo en pie. En vez de ayudar a sostener un orden resistente, las decisiones de la Corte Warren contribuyeron a debilitar un orden en declive. Los críticos republicanos de Lyndon Johnson centraron la atención en el desorden doméstico: el crimen en las calles, las protestas, algunas de ellas violentas, contra la guerra de Vietnam y contra las condiciones de las comunidades afroamericanas urbanas. Ellos atribuían ese desorden a las decisiones de la Corte Warren. Para los republicanos, y para un creciente número de votantes, las sentencias a favor de los acusados de delitos, como la celebrada y denigrada decisión Miranda, animaban a los depredadores criminales, y las decisiones que respaldaban la libertad de expresión de los manifestantes políticos les daban libertad para recorrer las calles y causar problemas.

Las decisiones de la Corte Warren le causaron al Presidente Johnson problemas políticos que hubiera querido evitar. Si hubiese podido llamar por teléfono y hablar con los liberales de la Corte, casi con certeza les habría pedido que bajaran el tono, al menos un poco[8]. Algunos estudiosos perciben una modesta retirada de la Corte Warren a finales de los años sesenta con respecto a sus extensas interpretaciones de las disposiciones de la Constitución sobre el proce-

---

[8] Él hablaba con su amigo y antiguo abogado el Magistrado Abe Fortas, a quien había nombrado en la Corte Suprema, pero las conversaciones eran en su mayor parte sobre asuntos políticos como la conducción de la guerra en Vietnam.

dimiento penal. Discrepo[9], pero no importa cómo se interpreten las acciones de la Corte, es claro que no fueron suficientemente sustanciales para facilitar la vida política de Johnson. Si Johnson hubiera hecho las llamadas telefónicas, sus amigos de la Corte habrían sido corteses, pero no le habrían hecho caso.

La razón proviene de los mecanismos que conectan la política y la Corte Suprema. Los presidentes nombran magistrados cuyas opiniones generales sobre la Constitución concuerdan con las suyas en los asuntos que más les importan. Los magistrados entonces aplican sus puntos de vista constitucionales. La mayoría de las veces eso les parece bien a los presidentes. Pero las decisiones de los magistrados se basan en sus opiniones acerca de la Constitución y no en las implicaciones políticas de sus decisiones. Las decisiones sobre procedimiento penal de la Corte Warren estaban íntimamente entrelazadas con su agenda de derechos civiles. Para los liberales de la Corte Warren, los afroamericanos eran las principales víctimas de la policía y de las prácticas persecutorias que atacaban como inconstitucionales. Esa conexión no desapareció simplemente porque el ambiente político cambió.

---

[9] En mi opinión, las decisiones descritas como una modesta retirada se describen mejor como la aplicación de un componente del liberalismo de la Corte Warren que solo podía llegar a la superficie después de hacer mucho trabajo preliminar. Ese componente promovió la deferencia judicial hacia los criterios puramente profesionales de la policía.

De nuevo, el ejemplo ilustra un punto estructural más profundo. Los presidentes desempeñan el cargo durante periodos fijos, y los regímenes constitucionales que ponen en práctica tienen un ciclo de vida. Los magistrados continúan en el cargo hasta que deciden jubilarse (y, a veces, hasta que mueren con las botas puestas). Nombrados para promover una visión constitucional, los magistrados la impulsan sin mucha consideración de las consecuencias políticas inmediatas de sus acciones. Una corte que hoy está en sintonía con un presidente y con un régimen constitucional eventualmente dejará de estar en sintonía con ellos. Si hay presidentes reconstructivos en el cargo, esa falta de sintonía puede producir una confrontación constitucional, que normalmente se resuelve cuando el presidente dura más que sus oponentes de la Corte. En un régimen político en declive el presidente solo puede observar cómo avanza el desastre.

El uso de las cortes para resolver problemas políticos

Utilicé el ejemplo de las cortes que colaboran con regímenes políticos resistentes para motivar una mayor discusión del modo en que la política importa para el Derecho Constitucional. Los académicos han sugerido otra forma de colaboración, sobre la cual soy más escéptico, pero cuya discusión abre nuevas perspectivas sobre la conexión entre política y Derecho Constitucional.

Empezaré con una descripción general y abstracta y luego daré algunos ejemplos. Suponga que usted es el líder de un partido político que es una coalición, y en el momento dos facciones importantes discrepan, arduamente, sobre un asunto que es importante para ellas. Lo presionan para que haga algo al respecto, pero lo que usted hace para satisfacer a una facción casi con certeza lo aleja de la otra. Usted puede resolver su problema político inmediato, y mantener unido al partido, endosando el asunto a otros. Si solucionan el problema usted queda a salvo, y si fallan los puede culpar. Y, en el peor de los casos, usted ha pospuesto su problema. El retraso podría eliminar el asunto de la política. Usted podría idear una nueva estrategia para tratar el asunto; quizá sacando a colación otro tema político sobre el que estén unificados los miembros del partido y los pueda persuadir de que es mucho más importante que el que los dividió. El retraso podría llevar a que el problema de mantener unido a su partido sea de otro. La Corte Suprema es una de las instituciones a la que puede endosar el asunto, al menos si usted le puede dar un giro constitucional.

Históricamente, algo que se ajusta bastante a esa descripción ocurrió con el tema de la constitucionali-dad de la regulación del Congreso sobre la esclavitud en los territorios occidentales de la nación, tema que a mediados de la década de 1850 se convirtió en el centro de la controversia nacional sobre la esclavitud. El Partido Demócrata estaba dividido entre sureños comprometidos con la esclavitud y su ampliación, y los llamados "*doughfaces*" del norte, que estaban

dispuestos a mantener la esclavitud en el sur pero
sentían incomodidad por su extensión a los territorios
de Kansas y Nebraska. Los líderes del partido nacional
descubrieron un proceso judicial que se podía usar
para plantear el tema de la competencia del Congreso
para regular la esclavitud en los territorios. Esperaban
que la Corte Suprema pudiera resolver el asunto,
permitiéndoles mantener unido al partido sin que
este tomara una posición sobre el tema. Antes de que
la Corte Suprema emitiera su decisión, el Presidente
James Buchanan se enteró de lo que se planeaba hacer
y usó su discurso inaugural de 1857 para instar a todos
los estadounidenses a aceptar la inminente decisión
de la Corte y, como diríamos hoy, seguir adelante.

El tema del aborto tuvo una estructura similar,
cuando llegó a primer plano a finales de los años
sesenta. El aborto era difícil para los políticos demócratas porque su partido era una coalición que
incluía blancos urbanos de orígenes irlandés, italiano
y polaco, muchos de los cuales eran católicos que
se oponían al fácil acceso al aborto, y cosmopolitas
liberales que favorecían la flexibilización de las restricciones al aborto. El asunto del orden público ya
había alejado del partido a las etnias urbanas, y sus
líderes no querían más problemas. Los dirigentes
republicanos enfrentaban un problema político similar en el tema del aborto. Su partido también era
una coalición. Su ala nororiental era relativamente
liberal en asuntos sociales; por cierto, en 1970 Nelson
Rockefeller promovió y firmó una ley que eliminó
esencialmente las restricciones al aborto en Nueva

York[10]. La estrategia sureña del partido, promovida por Barry Goldwater y Richard Nixon, estaba en sus primeras etapas, pero el partido no podía darse el lujo de socavar esa estrategia respaldando posiciones socialmente liberales. Lograr que la Corte Suprema "resolviera" el asunto del aborto podía resolver los problemas que enfrentaban ambos partidos mante-niendo unidas a sus coaliciones.

Como sabemos, la estrategia de postergar los asuntos que dividen a las coaliciones de partido endosándoselos a la Corte Suprema no funcionó con la esclavitud ni con el aborto. La Corte le negó al Congreso la facul-tad para regular la esclavitud en los territorios en la decisión *Dred Scott*, el republicano Abraham Lincoln ganó la presidencia tres años después, el sur optó por la secesión, y después sobrevino la Guerra Civil. La Corte Suprema limitó severamente la capacidad de los estados para restringir el acceso al aborto en *Roe v. Wade*, y el tema del aborto se volvió central en las elecciones posteriores.

Las razones para estos fracasos son importantes porque destacan otro aspecto de la estructura de la política constitucional. Los líderes políticos podían esperar que una decisión de la Corte Suprema elimi-nara de la política un asunto que creaba divisiones. Y podían esperarlo si suficientes miembros del partido

---

[10] El gobernador de California Ronald Reagan también firmó un proyecto "liberal" sobre el aborto, lo que indica la fuerza de los liberales en esta materia dentro del Partido Republicano a finales de los años sesenta.

estaban dispuestos a supeditar sus puntos de vista sobre ese asunto político a la decisión constitucional de la Corte Suprema. Tenían que decir: "Bien, me interesa impedir que la esclavitud se extienda a los territorios, pero ahora que la Corte Suprema me dijo que la Constitución me prohíbe aprobar esa política, supongo que seguiré adelante". Eso puede ocurrir si el asunto no importa demasiado a los votantes. Pero el problema que enfrentan los dirigentes políticos es precisamente que el tema que han endosado a la Corte es un tema que preocupa mucho a los miembros del partido. Por ello, en general, la estrategia de trasladar los temas a la Corte no elimina el asunto de la política (aplazará la solución del asunto, lo que puede ser suficiente para algunos dirigentes del partido).

¿Qué sucede políticamente cuando la Corte se pone del lado de una de las partes en estos asuntos que dividen a las coaliciones de partido? Los dirigentes del partido esperan poder decir a la parte ganadora que no tienen que presionar a los políticos para que hagan algo porque la Corte dio a los ganadores lo que querían, y, a la parte perdedora, que los políticos querrían ayudarlos pero que infortunadamente no pueden hacer nada con respecto a lo que ha hecho la Corte. Es probable que el mensaje a los ganadores sea aceptado, pero no el mensaje a los perdedores. Estos pueden responder que sí hay algo que los políticos pueden hacer: probar los límites de la decisión de la Corte, y eventualmente nombrar nuevos y mejores magistrados. Esa fue la estrategia de Abraham Lincoln después de *Dred Scott*, que él dijo que aceptaba como una decisión en ese caso particular pero que no la aceptaría como lo que llamó una "regla de acción política", que impediría que los republicanos siguieran otras líneas de ataque a la esclavitud. Esta fue también la estrategia del movimiento pro vida después de *Roe v. Wade*.

Las decisiones de la Corte Suprema en este tipo de asuntos –que dividen a las coaliciones políticas– llevan a que las facciones del partido reajusten sus portafolios, según la jerga financiera moderna. Antes de la decisión de la Corte, las facciones invierten parte de su energía en acciones jurídicas y otra parte en acciones políticas. Después de la decisión, los perdedores trasladan recursos del campo jurídico al político porque saben que en el corto plazo no pueden lograr nada por medio de procesos judiciales; y, muy importante, los ganadores trasladan recursos del campo político al jurídico, confiando en que las Cortes los rescaten si pierden en la política. Estas estrategias tienen sentido para ambas partes en el corto plazo, pero en el largo plazo generan problemas para los ganadores aparentes. Eventualmente estos últimos así lo entienden, pero entonces están jugando a la zaga, lo cual no es una buena estrategia en política.

En resumen: el proceso político incentiva a los políticos a utilizar a la Corte suprema para resolver sus problemas políticos. Las acciones de la Corte importan en el corto plazo porque hacen algo, de un modo u otro, sobre el asunto que los políticos no han podido abordar. Importan en el largo plazo por sus efectos sobre el proceso político.

Cómo afecta la política
a las ideas constitucionales

No le habrá pasado inadvertido que he dicho mucho acerca de por qué y cómo importa la política para la Constitución, y no mucho acerca de por qué y cómo importan las ideas sobre el significado de la Constitución. Las ideas constitucionales importan, pero no en la forma en que usted podría pensar. Durante las sesiones de confirmación, Clarence Thomas dijo que enfocaría los asuntos constitucionales "desprovisto de prejuicios", sin presuposiciones ideológicas. La mayoría de los juristas consideró que eso era absurdo, así como la afirmación de Sonia Sotomayor de que simplemente aplicaría la ley a los hechos. Los magistrados de la Corte Suprema son nombrados en parte por sus opiniones sobre el significado de la Constitución, y una vez en la Corte interpretan la Constitución de acuerdo con esas opiniones.

Las opiniones constitucionales de un magistrado suelen ser una combinación de proposiciones muy específicas con ideas relativamente abstractas y algunas ideas acerca de cómo se supone que el magistrado debe interpretar la Constitución. Por ejemplo, los jueces conservadores de hoy en día tienden a creer que la Constitución no protege el derecho a decidir con respecto al aborto, que la Constitución advierte contra el peligro de que el gobierno nacional ejerza mucho poder y, más o menos, que las interpretaciones originales de los términos constitucionales tienen mucha importancia (a menos que esas interpretaciones sean contrarias a las ideas específicas o abstractas con las que están comprometidos). Los jueces liberales de hoy obviamente tienen un paquete diferente de creencias.

Estos paquetes son la versión judicial de las ideas ligadas al núcleo de las políticas que caracterizan la posición del presidente que nombró a cada juez. Y, de nuevo, esas políticas están relacionadas con la posición del presidente con respecto al momento político: el régimen al que está afiliado o que busca reconstruir, por ejemplo. Así, en general, la política afecta las ideas constitucionales por medio de las elecciones presidenciales y las nominaciones judiciales. Aquí no hay nada nuevo. Pero el hecho de que los jueces tengan paquetes de ideas constitucionales abre nuevas preguntas. Son particularmente importantes dos características de estos paquetes.

– *Conexiones laxas*. Sus componentes solo están conectados laxamente. No hay una fuerte conexión lógica entre pensar que el gobierno nacional debe ser razonablemente pequeño y pensar que no existe el derecho constitucional a decidir con respecto al aborto. La tarea del juez es la de resolver cómo aplica uno u otro componente en un caso específico, y luego cómo ajusta esa aplicación en la totalidad del paquete. Para los juristas conservadores contemporáneos sería problemático sostener que la Constitución exige que los estados tengan leyes muy restrictivas sobre el aborto, por ejemplo, porque eso produciría tensiones entre la visión del "gobierno nacional pequeño" y la visión de "no existe derecho a decidir sobre el aborto", a menos que lograran desterrar de su mente los ataques que ellos mismos han lanzado contra la Corte Suprema como instrumento de un gobierno nacional "grande" cuando hace cosas que no les gustan[11].

– *Cambio de épocas y de temas (una vez más)*. Los asuntos constitucionales cambian con el tiempo o, al menos, los viejos problemas se presentan con nuevas apariencias. Los jueces entonces tienen que resolver cómo aplican sus viejas ideas a los nuevos problemas y, de nuevo, cómo ajustan esas nuevas aplicaciones dentro de su visión general de la Constitución.

Consideremos aquí la igualdad racial en dos regímenes constitucionales, el orden del New Deal y la Revolución de Reagan. Como ya señalé, la igualdad racial no era una parte importante del núcleo del New Deal. La igualdad económica sí lo era[12]. No la igualdad formal sino la igualdad sustancial. Para los seguidores del New Deal el gobierno tenía la facultad para abordar situaciones en las que la distribución del poder económico y político situaba a algunas personas en posiciones subordinadas no fácilmente justificables. Los sindicatos de trabajadores eran

---

[11] Las conexiones laxas significan que la visión de largo plazo de la Constitución o las consideraciones políticas de corto plazo pueden dictaminar cómo resuelve el juez un caso específico, pero también significan que el juez normalmente podrá dar sentido a su trabajo constitucional como un todo.

[12] Las disposiciones de la legislación del salario mínimo del New Deal eximían a los trabajadores agrícolas y del hogar del requisito de demostrar la prioridad de la economía sobre la raza.

medulares en la coalición del Partido Demócrata y el derecho al trabajo era fundamental para los principios del New Deal.

Cuando respaldó la legislación del salario mínimo en 1937, por ejemplo, el Presidente de la Corte Suprema Charles Evans Hughes escribió que la "comunidad no está obligada a proporcionar lo que es de hecho un subsidio a los patrones abusivos". Los bajos salarios eran "de hecho" un subsidio porque beneficiaban a los patrones a costa de sus trabajadores, lo cual era incompatible con las ideas del New Deal sobre la igualdad económica. La "comunidad" podía intervenir para eliminar el subsidio mediante la imposición de un salario mínimo. La preocupación del New Deal por la subordinación iba más allá de la economía, y de la legislación. Once meses después de la decisión acerca del salario mínimo, el magistrado Harlan Fiske Stone escribió lo que se ha llamado la nota a pie de página más famosa de la historia de la Corte Suprema. Para nuestros propósitos, este es el pasaje clave en lo que se conoce como "Nota a Pie de Página Cuatro": "Tampoco necesitamos investigar […] si el prejuicio contra las minorías separadas e insulares puede ser una condición especial, que tiende a restringir gravemente el funcionamiento de los procesos políticos de los que dependemos regularmente para proteger a las minorías, y el cual puede exigir un control de constitucionalidad más exhaustivo". La Nota analiza por qué el funcionamiento real de la política es fundamental para promover la igualdad constitucional en la visión del New Deal.

En el entendido de que la igualdad es de hecho un compromiso fundamental del New Deal, los magistrados del New Deal fueron impulsados a declarar inconstitucional la segregación racial. Por cierto, el impulso fue tan fuerte que cuando centraron la atención de la política al discutir *Brown v. Board of Education*, en su deliberación se preguntaron no por qué tenía sentido político declarar inconstitucional la segregación sino qué obstáculos políticos podría haber si la declaraban inconstitucional.

¿Qué ideal de igualdad expresó la Corte del New Deal en *Brown*? La decisión de 1954 y su continuación un año después, cuando trató el remedio para la segregación, en la cual usó la famosa frase "mayor celeridad premeditada", combinaba temas de igualdad formal e igualdad de hecho –supresión de la segregación e integración como políticas distintas– pero la igualdad formal cumplía claramente un papel subordinado. La resistencia sureña a la supresión de la segregación alentó a los magistrados a pensar más en la igualdad, y convirtió a la integración en una versión cada vez más atractiva de la igualdad racial para los magistrados. La acción afirmativa se afianzó como una política nacional seria a comienzos de los años sesenta, y también cupo en una versión de la igualdad centrada en los efectos. En los años treinta y cuarenta los seguidores del New Deal conocían y se oponían al uso de cuotas en materia de empleo y educación; su imagen mental de esas cuotas eran las restricciones al empleo y la admisión de judíos en las universidades de élite, pero veían esa misma amenaza cuando los afroamericanos promovían boicots con el eslogan "No compre donde no puede trabajar". En los años sesenta los herederos del legado del New Deal pensaban que la igualdad racial significaba igualdad de hecho, y por ello creían que los programas voluntarios de acción afirmativa eran claramente constitucionales. Cuando la Corte Burguer consideró el uso del transporte escolar para remediar los persistentes efectos de la segregación anterior en las escuelas públicas, la idea de que la igualdad sustantiva era más importante que la igualdad formal estaba tan profundamente arraigada que el asunto que trató la Corte fue si los tribunales podían ordenar a las juntas escolares que tuvieran en cuenta la composición racial cuando asignaban estudiantes a las escuelas; casi literalmente omitió decir que las juntas escolares podían tener en cuenta voluntariamente la raza para lograr resultados integrados.

En los años sesenta, entonces, el compromiso del New Deal con la igualdad de hecho se había difundido ampliamente en el Derecho Constitucional. Luego llegó la Revolución de Reagan. La estrategia sureña de los republicanos capitalizó la oposición a la supresión de la segregación y, aún más, la oposición en el norte y en el sur al uso del transporte escolar como remedio para la segregación. La visión republicana de la igualdad constitucional era formal, como se expresó en la única disensión de la sentencia de la Corte Suprema de 1896 que ratificó una ley de segregación. Allí, el magistrado John Marshall Harlan escribió, "La Constitución es ciega al color". Para la Revolución de

Reagan, esto significaba que las leyes de segregación
eran inconstitucionales porque daban relevancia a la
raza en la política pública. Eso explicaba por qué la
acción afirmativa también era inconstitucional. Y, en
2007, explicaba la inconstitucionalidad de las políticas
adoptadas por las juntas escolares que pensaban que
una buena política social era tener escuelas y salones
de clase integrados y luego tratar de lograr ese objetivo asignando estudiantes a las escuelas prestando
alguna atención a su raza.

La igualdad era fundamental en las preocupaciones
del New Deal, pero no la igualdad racial. Cuando
los magistrados del New Deal reflexionaron sobre
la igualdad y los compromisos del régimen con la
igualdad, llegaron a ver las implicaciones de esos
compromisos sobre la igualdad racial. Los cambios en
el ambiente político afectaron su manera de concebir
la igualdad racial, por supuesto, pero no deberíamos
tratar de separar la política y las ideas. Ambas importaban. En los años sesenta y setenta los compromisos
del régimen New Deal/Great Society eran muy diferentes de los de pocas décadas antes. La Revolución
de Reagan estaba más directamente comprometida
con una visión particular de la igualdad racial, y sus
magistrados aplicaron esa visión sin muchos cambios
a lo largo de su carrera[13].

---

[13] Mi opinión personal, respaldada por datos fragmentarios y nada
más que eso, es que a mediados y finales de los años setenta
Warren Burger y William Rehnquist, conservadores republi-

MOVIMIENTOS SOCIALES E
INTERPRETACIONES CONSTITUCIONALES

He descrito la forma en que se desarrollan con el
tiempo los principios que animan a los diferentes regímenes constitucionales. Hice énfasis en que parte de
lo que hacen los magistrados es simplemente extraer
las implicaciones, tal como las ven, de los principios
más abstractos del paquete laxo. Pero también sugerí
que el ambiente político influye en el significado que
los magistrados atribuyen a sus principios. Deseo
subrayar la última frase –el significado que los magistrados atribuyen a sus principios– y considerar
algunas implicaciones. No se trata únicamente de
que los magistrados actúen en un contexto político,
haciendo cosas que ayudan u obstaculizan a sus aliados
políticos. Además, el mundo en que viven afecta lo
que piensan sobre el significado de la Constitución;
y cuando el mundo cambia, puede cambiar su interpretación de la Constitución.

  Quizá el mejor ejemplo moderno de lo que aquí me
interesa sea el estatus constitucional de los derechos
de los gays y las lesbianas. Hasta los años setenta,

---

canos nombrados en la Corte Suprema antes de la Revolución
de Reagan, se habrían sorprendido con la pretensión de que
la Constitución prohibía que las juntas escolares consiguieran
escuelas y salones de clase integrados prestando atención a la
raza de los estudiantes, debido a que el compromiso del régimen
de la Revolución de Reagan con la igualdad formal no se había
afianzado completamente entre los conservadores.

la idea de que la Constitución protegía a los gays
y las lesbianas como tales, es decir, con base en su
orientación sexual, habría sido risible. Como dijo el
magistrado Byron White tan tarde como en 1986, la
pretensión de que había un derecho constitucional
a la sodomía homosexual profundamente arraigado en la tradición de la nación era, según pensaba,
una "broma". Solo un puñado de magistrados de la
Corte Suprema tomó en serio algunas reclamaciones
de derechos de los gays hasta los años ochenta, y
ninguna mayoría de la Corte Suprema las tomó en
serio hasta mediados de los noventa. Luego las cosas
cambiaron. En 1996 la Corte declaró inconstitucional
una iniciativa de Colorado que buscaba excluir a los
gays y las lesbianas de la cobertura de una ley estatal
contra la discriminación, y en 2003 invalidó el número
relativamente pequeño de leyes estatales que todavía
consideraban delito a la sodomía.

Ambas decisiones se podrían incluir en la categoría
de "casos atípicos". Ningún estado tenía una medida
tan extrema como la de Colorado en su negación de
protección a los gays y las lesbianas, y en la época en
que la Corte decidió el caso de la sodomía señaló que
solo doce estados tenían leyes similares en los códigos
y que en la nación se tendía claramente a proteger
los derechos de los gays y las lesbianas. Pero hay una
diferencia entre estos casos y los "casos atípicos" que
discutí antes. En estos últimos casos la Corte Suprema estaba haciendo una tarea que los políticos de un
régimen constitucional resistente no podían hacer
ellos mismos por razones de tiempo. La Revolución

de Reagan tenía una vertiente libertaria, pero nadie piensa seriamente que los republicanos de Reagan de fin de siglo querían deshacerse de las leyes sobre la sodomía que simplemente no tuvieron la oportunidad para ello. Y, por supuesto, ningún magistrado fue nombrado en la Corte Suprema por sus puntos de vista sobre los derechos de los gays y las lesbianas.

Tal vez la explicación completa del surgimiento de un Derecho Constitucional que protege los derechos de los gays y las lesbianas incluya el azar: el magistrado Lewis Powell, un conservador tradicionalista, se jubiló y fue remplazado por Anthony Kennedy, un conservador con inclinaciones libertarias. Pero la historia de los derechos de la mujer es similar: un cambio dramático en el Derecho Constitucional sin un cambio muy grande en la composición de la Corte que explique el cambio doctrinal. He aquí una versión general de lo que sucedió con los derechos de la mujer y, en menor medida, con los derechos de los gays y las lesbianas. La Constitución, tal como la interpretaba la Corte Suprema cambió sin una modificación relevante en la composición de la Corte[14]. Esto parece ser un

---

[14] La historia de los derechos de la mujer es un poco más complicada porque la magistrada Ruth Bader Ginsburg fue nombrada en la Corte en parte por su activismo en pro de los derechos de la mujer, y porque la magistrada Sandra Day O'Connor fue nombrada principalmente porque Ronald Reagan prometió en la campaña nombrar a una mujer en la Corte Suprema. Sin embargo, no todos los cambios doctrinales sobre los derechos constitucionales de la mujer habían ocurrido antes de que las

enigma para el enfoque que he desarrollado hasta
ahora, en el que el elemento que determina cómo
importa la Constitución es la política, que actúa por
medio de los nombramientos en la Corte Suprema.
Obviamente, en este contexto algunos magistrados
cambian de opinión. Lo que necesitamos es un medio
para entender por qué sucede eso.

Nuevas experiencias. Una sugerencia común es que los
magistrados cambian de opinión sobre el significado
de la Constitución porque tienen nuevas experiencias.
Los ejemplos más destacados de la historia reciente
son los del magistrado Lewis Powell y el Presidente
de la Corte William Rehnquist.

El magistrado Powell consideró muy difícil el caso
de sodomía *Bowers v. Hardwick* que la Corte decidió
en 1987. Él dio muchas vueltas antes de decidir si
declaraba inconstitucionales las prohibiciones sobre
la sodomía homosexual o las apoyaba. Depronto
votó a su favor, observando tibiamente que podría
haber votado de manera diferente si el caso hubiera
involucrado a un acusado sentenciado a una larga
pena de prisión por este delito. Cuando aún dudaba
sobre qué hacer, en su despacho comentó al asistente
jurídico que manejaba el caso que nunca había conocido a un homosexual. El asistente jurídico, que era

---

magistradas O'Connor y Ginsburg llegaran a la Corte, pero su
presencia y la política ligada a sus nombramientos aclara un
poco la historia de los derechos de los gays y las lesbianas para
mi argumento.

gay, se abstuvo de desengañar al magistrado. Es una opinión común que Powell habría votado en forma diferente si hubiese sido consciente de que conocía y trabajaba estrechamente con gays.

En sus primeros años en la Corte, el magistrado Rehnquist votó regularmente contra las pretensiones judiciales de mujeres a las que su derecho constitucional a la igualdad les era negado por leyes que las trataban en forma categóricamente distinta de los hombres. Pero cerca del fin de su permanencia en el cargo, su posición pareció haber cambiado. Por ejemplo, convino en que era inconstitucional una ley de Virginia que prohibía que las mujeres asistieran al Instituto Militar de Virginia, y redactó la sentencia de la Corte que rechazó una demanda constitucional contra la ley federal sobre la Licencia Familiar y Parental, en la que consideró discriminatorias las prácticas sociales basadas en el supuesto de que las mujeres tenían la responsabilidad de cuidar a los hijos enfermos más a menudo que los hombres. Algunos observadores explican sus últimos votos refiriéndose al comentario del Presidente de la Corte sobre las dificultades que enfrentaba su hija, una madre soltera que ejercía como abogada.

Yo no exageraría estos ejemplos ni la idea más general de que las nuevas experiencias llevan a que los magistrados cambien de opinión sobre el significado de la Constitución. Los ejemplos son muy especulativos y no se basan en pruebas directas. La historia del magistrado Powell es explícitamente contrafáctica en el sentido de que habría actuado en forma diferente si hubiese sabido lo que no sabía[15]. La historia del Presidente de la Corte Rehnquist no toma en cuenta que en la época en que emitió sus últimos votos se habían acumulado precedentes, y que la deferencia con la ley establecida podría explicar el cambio aparente de sus opiniones constitucionales.

A la idea de que las nuevas experiencias ayudan a cambiar de opinión se opone el hecho de que los magistrados de la Corte Suprema no son jóvenes en formación. Ya han tenido muchas experiencias, indudablemente del tipo que ha moldeado su interpretación del significado de la Constitución. Si les damos una nueva experiencia, es probable que la ignoren o la intenten explicar dentro del marco que ya establecieron por ellos mismos.

Movimientos sociales. No es casual que los mejores ejemplos del cambio de doctrina constitucional sin modificaciones relevantes en la composición de la Corte involucren los derechos de los gays y las lesbianas y los derechos de la mujer. Cuando muchas personas empiezan a actuar de otro modo –a veces dentro del marco de la política de partidos, y más a menudo fuera de ella, como las que la generación de los constituyentes llamó "la gente de puertas afuera"– las élites políticas toman nota. Los políticos de los partidos

---

[15] Después de su jubilación –y después de que su posición en *Bowers* fuera muy criticada– el Magistrado Powell dijo que él (entonces) creía que su voto había sido un error. Esa no es una prueba directa que respalde la visión contrafáctica, pero merece mencionarse.

empiezan a preguntarse si pueden ajustar sus plataformas para atraer a algunos de esos ciudadanos que empiezan a ser activos y mantenerlos alejados de sus opositores. Los ajustes no traicionarán los principios básicos del partido, y con ellos intentarán apropiarse de elementos de las preocupaciones del movimiento social y encajarlos dentro del enfoque general de la política pública del partido. Los dirigentes que entienden esto pueden controlar la presidencia, en cuyo momento pensarán en los beneficios políticos de escoger magistrados que vean los principios del movimiento social en la Constitución.

Los jueces hacen algo muy similar, pero su único instrumento son las ideas, no los nombramientos. La simple existencia de un movimiento social les dice a los jueces que muchas personas piensan que lo que están pidiendo es exigido por el ethos político estadounidense: libertad de expresión, igualdad de género o lo que preocupe al movimiento social. Sean cuales fueren los principios del régimen con el que está comprometido un magistrado, es probable que tenga presente ese tipo de preocupaciones, al menos a nivel abstracto. La acción de las personas de puertas afuera puede impulsar a un juez a pensar detenidamente en el significado exacto de esos principios abstractos. No siempre habrá un ajuste. El juez puede terminar pensando que el movimiento social está equivocado con respecto a lo que implica la igualdad, por ejemplo. O las demandas del movimiento pueden no encajar cómodamente en el marco conceptual general del juez. Pero a veces el juez concluirá que la visión constitucional del movimiento social es admirablemente congruente con los principios del régimen con los cuales está comprometido; y encontrará en la Constitución una doctrina que no habría encontrado allí antes de que el movimiento social se manifestara en las calles.

La historia del movimiento social por los derechos de la mujer es razonablemente clara. Los magistrados del New Deal y de la Great Society estaban comprometidos con las ideas de igualdad y eliminación de la subordinación. El movimiento de las mujeres de los años sesenta y setenta presentó su propia versión de las ideas de igualdad, la cual era compatible con las ideas del New Deal/Great Society. Los magistrados de este régimen no tuvieron problemas para incorporar la igualdad de la mujer en el marco constitucional general con el que estaban comprometidos. Los magistrados de la Revolución de Reagan (y de su precursor nixoniano) pudieron seguir un curso similarmente benigno con respecto a los reclamos de igualdad formal de la mujer. Adoptaron el principio de igualdad formal para enfrentar la discriminación racial, en el sentido de que los gobiernos no podían confiar en la raza como una razón para actuar. Cuando apareció el movimiento moderno de las mujeres, estos magistrados pudieron pasar, de nuevo sin problemas, al principio de igualdad formal de género, a la proposición de que los gobiernos no podían confiar en el género como una razón para actuar. La igualdad formal no satisfacía todas las demandas expresadas por los líderes del movimiento moderno de las mujeres, pero era suficientemente buena para impulsar la constitucionalización de la igualdad de género.

Si se suma la libertad o la autonomía a la igualdad en el contexto del movimiento por los derechos de los gays y las lesbianas, se tendrá una buena historia de por qué la Corte Suprema pasó de ser hostil a los gays a ser razonablemente favorable hacia ellos. De nuevo, el movimiento social de los gays y las lesbianas no ha logrado (aún) todo lo que desea de la Corte Suprema. Seguramente logró más en la década anterior de lo que obtuvo en toda la historia de la Corte.

Para completar la historia del derecho al aborto que empecé a esbozar, es conveniente prestar atención a los movimientos sociales. Aquí también debemos tener en cuenta los principios del régimen del New Deal y la Great Society. Cuando Arthur Goldberg llegó a la Corte Suprema en 1962, esta finalmente tuvo un sólido bloque de liberales inequívocos y no ambivalentes, y dejó de preocuparse por la acusación de los magistrados precedentes contra la Corte de 1937, para quienes el activismo judicial era malo sin importar a qué intereses sirviera. Observaron la sociedad estadounidense y vieron "sexo, drogas y rock and roll", y no se sintieron perturbados. Quizá no sea exacto llamar movimiento social a lo que sucedió en los años sesenta, pero es indudable que la gente estaba actuando de puertas afuera de una manera en que tenían clara importancia política. Los magistrados entendieron que algunas de sus decisiones anteriores, como las que hacían más difícil que los gobiernos prohibieran la distribución de material sexualmente explícito, habían contribuido a lo que veían. El activismo de los años sesenta impulsó a los liberales de la Corte a pensar detenidamente en los principios con los que estaban comprometidos. Ellos descubrieron que decisiones como la de *Griswold v. Connecticut*, que presenté como un "caso atípico", tenían sentido si incorporaban el principio de autonomía individual en el paquete de principios con los que estaban comprometidos. Y, profundizando la reflexión, descubrieron que el fundamento real de sus anteriores compromisos con la igualdad racial y la libertad de expresión era exactamente ese mismo principio de autonomía. Después, cuando enfrentaron el tema del aborto, ya tenían a mano un principio del régimen que orientaba la deliberación.

Hasta ahora los ejemplos que he usado se refieren a movimientos sociales del segmento liberal del espectro político. También existen movimientos sociales conservadores, como el de la derecha cristiana. Al igual que los de otros movimientos sociales, los principales efectos de los movimientos sociales conservadores modernos se reflejan en los nombramientos judiciales. Tenemos que mirar cuidadosamente para ver los efectos de esos movimientos sobre las ideas de los jueces que no son nombrados como resultado de la incorporación de los movimientos en el Partido Republicano moderno. Un buen punto de partida es este: la derecha cristiana transformó la ley que regulaba las relaciones entre la iglesia y el estado; de nuevo, ante todo, por medio del mecanismo de los nombramientos. La doctrina de la Corte Supre-

ma que provocó más críticas de la derecha cristiana
fue quizá "la prueba de Lemon", llamada así por
la decisión que sentó la doctrina. Es notable que la
decisión haya sido redactada por Warren Burger, un
republicano conservador de la era anterior a la época
en que la derecha cristiana se incorporó plenamente
en el Partido Republicano.

El efecto de la derecha cristiana como movimiento
social puede verse en la forma en que los liberales
de la Corte empezaron a abordar los temas de la
libertad religiosa y de la prohibición de la unión
entre la iglesia y el estado. Los compromisos constitucionales básicos del New Deal y la Great Society
eran profundamente seculares, y no daban un papel
sustancial a las instituciones religiosas en la vida
pública[16]. Con el ascenso de la derecha cristiana, las
formulaciones liberales del principio que prohíben
el establecimiento religioso (es decir, la imposición
de una religión oficial) se han esforzado por negar el
secularismo con el cual estaban comprometidas las
anteriores generaciones de liberales. Los liberales
de la Corte emiten regularmente sus votos contra
las prácticas que entrelazan muy directamente la
religión y la política pública, pero sus opiniones están
llenas de declaraciones que afirman su respeto por
la religión y su importante lugar en la vida pública.
Al igual que con las opiniones tardías del Presidente

---

[16] Como han mostrado John Jeffries y James Ryan, en esto había
una tradición de anticatolicismo.

de la Corte Rehnquist sobre los derechos de la mujer, aquí los liberales también pueden estar reconociendo la fuerza de los precedentes acumulados. También pueden reflejar el efecto de la derecha cristiana como movimiento social en su propia comprensión de la Constitución.

CONCLUSIÓN

En suma: para entender cómo importa la Corte Suprema, considérese el tipo de presidente que tenemos (reconstructivo, afiliado, preventivo), si el presidente es parte de un régimen constitucional resistente o en declive, el tiempo en que los magistrados han estado en la Corte Suprema y quién los nombró, si el gobierno nacional es dividido o unificado, si nuestros partidos políticos son coaliciones de grupos dispares (o el grado en que lo son) o son ideológicamente homogéneos, y si existe algún movimiento social que parezca importante aunque aún no haya logrado éxito electoral. Una vez se haga eso, se tendrá una idea de los derechos fundamentales que la Corte Suprema va a hacer cumplir casi tan buena como la de cualquier académico especializado en el estudio de la Constitución y de la Corte. Empero, no será bien todo. Nadie entiende todo. Hay demasiadas partes en movimiento para entenderlas bien. Cada uno de los nueve magistrados tendrá una posición diferente sobre un caso particular y su ambiente político, e incluso pequeñas diferencias, cuando se multiplican por tres, cuatro o nueve, pueden hacer una gran diferencia en el resultado. Sin embargo, se entenderán las principales tendencias en las decisiones de la Corte; y no será necesario que preocuparse mucho por los detalles de las doctrinas constitucionales que orientan las decisiones de la Corte desde adentro.

CAPÍTULO TRES
¿CÓMO HACER QUE LA CONSTITUCIÓN
IMPORTE MÁS, O DE MANERA DIFERENTE?

Algunos pueden considerar que mi argumento es inquietante, y no solo porque reste énfasis a la respuesta atinente a los "derechos fundamentales" a la pregunta de si la Constitución importa explicando que importa porque crea y estructura nuestro proceso político. Creo que llevar la política al primer plano mejorará las discusiones constitucionales que tenemos cuando hablamos de una decisión reciente de la Corte Suprema o consideramos una nominación a la Corte Suprema. Y, debido a que la estructura que la Constitución da a nuestro proceso político es más bien laxa, podemos evitar sus disposiciones restrictivas si lo deseamos; y al hacer eso realmente respetamos nuestro legado constitucional.

POR QUÉ NO SON SUFICIENTES LOS
"DERECHOS FUNDAMENTALES"

Considérese las implicaciones de la respuesta atinentes a los "derechos fundamentales". Como he subrayado repetidamente, la gente no concuerda con respecto a qué derechos fundamentales tenemos. Al reafirmar lo que llamaron el "fallo central" de *Roe v. Wade*, tres

magistrados de la Corte Suprema dijeron absurdamente
que el papel de la Corte era resolver los profundos
desacuerdos acerca de nuestros derechos fundamentales:
"Cuando, en el desempeño de sus deberes judiciales,
la Corte decide un caso de tal manera que resuelve el
tipo de controversia intensamente divisionista reflejada
en *Roe* y en esos casos raros comparables, su decisión
tiene una dimensión que no tiene la resolución de los
casos normales. Esta es la dimensión presente cada vez
que la interpretación de la Constitución de la Corte
llama a las partes contendientes de una controversia
nacional a poner fin a su división nacional aceptando
un mandato común arraigado en la Constitución".

El fracaso de la Corte para "poner fin a" la "división
nacional" con respecto a si la Constitución protege
el derecho fundamental a elegir era seguramente
inevitable. Y quizá el fracaso fue también algo bueno.
¿Cómo podemos tratar un desacuerdo profundo y
persistente acerca de cuáles son nuestros derechos
fundamentales? Entendiendo que estos desacuerdos
son razonables, que no difieren en principio de nuestros
desacuerdos sobre cómo financiar la política nacional
de atención de la salud o sobre la tasa adecuada de
impuestos a las ganancias de capital.

Puede suponerse que la Corte Suprema se divide
cinco a cuatro sobre algún asunto relacionado con
los derechos fundamentales que más le preocupan.
Si cree que la Constitución importa porque protege
nuestros derechos fundamentales, ¿qué pensará de
los magistrados que no estén de acuerdo con usted?
Usted ha considerado el significado de la Constitu-

ción, y ha llegado a su propia respuesta. Alguien que está en desacuerdo con usted debe ser un loco o un canalla; un loco, incapaz de llevar a cabo la tarea de interpretación constitucional con suficiente cuidado y atención, o un canalla que ignora voluntariamente la "verdadera" Constitución en busca de una agenda personal o de partido. Y, dado que aquí estamos tratando con desacuerdos profundos y persistentes, no importa si los canallas y los locos suman cuatro, cuando usted ha ganado su caso, o cinco, cuando lo ha perdido. Algo tiene que explicar su ceguera, sin importar su número o la autoridad formal que proviene de tener cinco votos en la Corte Suprema.

Esta no es una fórmula para una discusión elevada sobre el significado de la Constitución, ni siquiera para una conversación decente sobre cuáles son realmente nuestros derechos fundamentales. Mi complicada descripción de las decisiones de la Corte sobre los derechos fundamentales como algo que surge de la política también nos permite tratar nuestros desacuerdos sobre los derechos fundamentales como algo político. Sabemos que en la política corriente ganaremos algunas votaciones sobre asuntos importantes, y perderemos en otros. Sabemos cómo tratar nuestras derrotas y el hecho de que parece haber un buen número de personas que discrepan de nosotros. Podemos esperar que si tratamos la política constitucional de la misma manera mejoraríamos nuestras discusiones políticas en general.

Pero eso es solo una esperanza. Mi experiencia en la enseñanza del Derecho Constitucional desde la perspectiva que he presentado aquí no es, para ser franco, tan alentadora. Mis estudiantes suelen asentir moviendo la cabeza cuando digo que los desacuerdos sobre cuáles son nuestros derechos fundamentales son razonables, siempre que mis afirmaciones sean completamente abstractas[1]. Pero si digo que es razonable el desacuerdo entre quienes piensan que hay un derecho a elegir con respecto al aborto y quienes piensan que hay un derecho a la vida, el acuerdo superficial con la proposición abstracta desaparece. Creo que eso es desafortunado, pero me temo que no he logrado imaginar cómo puedo ayudar a mis estudiantes a apreciar por qué tratar la interpretación constitucional como una forma de política es realmente bueno para nosotros.

Manejar la derrota

Supóngase, sin embargo, que hemos conseguido que bastantes conciudadanos estén de acuerdo en que la Constitución importa por la manera de estructurar nuestro proceso político, y que los derechos fundamentales que la Corte Suprema dice que tenemos están garantizados por el funcionamiento de la política dentro de esa estructura. Y supóngase que se

---

[1] Salvo cuando planteo la cuestión en un examen, en cuyo caso todos excepto mis mejores estudiantes son lo suficientemente sagaces para repetir como loros las posiciones que he tomado en clase.

encuentra en el lado perdedor muy a menudo. Puede concluirse simplemente que se debería imaginar un conjunto más efectivo de estrategias políticas. Pero existe otra posibilidad. Se podría terminar pensando que nosotros perdemos tan a menudo porque nuestra estructura política está en contra nuestra.

Esa es la conclusión que sugieren algunos libros recientes importantes que critican las características "inmodificables" de nuestro sistema constitucional. El politólogo Larry Sabato presenta veintitrés "propuestas para revitalizar la Constitución" y el profesor de Derecho Sanford Levinson, cerca de una docena. Vale la pena considerar la sustancia de algunas de sus propuestas y los procesos disponibles para llevarlas a cabo. Mi línea de base es que si las propuestas nos preocupan lo suficiente para llevarlas a cabo por medio del proceso de reforma constitucional que defienden Sabato y Levinson, podemos llevarlas a cabo mediante la legislación.

EL CAMBIO DE LA CONSTITUCIÓN
INMODIFICABLE: LA ESENCIA

Sabato y Levinson proponen más de veinte reformas, y sería innecesariamente tedioso revisarlas todas[2]. Algunas se podrían adoptar sin cambios en la Constitución escrita. Sabato propone que la división de

---

[2] Voy a suponer que las propuestas tienen sentido como política para que me pueda centrar en sus dimensiones constitucionales.

las circunscripciones para el Congreso esté a cargo de comisiones independientes. El Congreso podría ordenar ese procedimiento ejerciendo su facultad para "prescribir" la "manera de llevar a cabo las elecciones", así como exigió que los estados usaran circunscripciones individuales para las elecciones a la Cámara. O, para exponer un punto importante para mi argumentación general, existe al menos un argumento sustancial que respalda esa proposición. Las objeciones constitucionales probablemente se disiparían si un movimiento político tuviera suficiente fuerza para lograr la promulgación de esa ley, aunque tendríamos que preocuparnos porque una Corte Suprema remanente la invalidara hasta que la Corte fuera transformada por el movimiento político que logró su aprobación. Levinson desea eliminar las sesiones del congreso "saliente", en particular cuando una elección ha modificado sustancialmente la composición partidista de una o de ambas cámaras. Esto también se podría lograr por ley[3].

Existen muy buenos sustitutos para otras propuestas de reforma. Sabato sugiere que podríamos aprovechar la experiencia acumulada de nuestros ex jefes de estado dándoles escaños en el Senado[4]. En vez

---

[3] De hecho, una ley es casi con certeza una mejor manera de lograrlo que una reforma constitucional, porque es más probable que una ley incluya un detonador que permita sesiones postelectorales si la composición de partidos no ha cambiado mucho, o en emergencias y similares.

[4] John Quincy Adams se desempeñó en la Cámara de Represen-

de eso podríamos crear una comisión permanente de ex presidentes y ex vicepresidentes, y autorizarla o incluso exigirle que haga recomendaciones al Senado sobre propuestas legislativas importantes. Algunas propuestas simplemente exigen que el Congreso ejerza las facultades que ya tiene. Sabato desea limitar el poder presidencial para iniciar guerras. Un Congreso que esté suficientemente resuelto a limitar al presidente puede hacerlo ejerciendo su facultad para controlar el presupuesto del Departamento de Defensa. Un público que esté suficientemente resuelto a hacer pasar a la fuerza una reforma constitucional que limite el poder presidencial debería tener suficiente influencia sobre sus representantes para obligarlos a limitar el poder presidencial sin una reforma constitucional.

ARTILUGIOS CONSTITUCIONALES

Otra posibilidad es usar lo que he llamado un artilugio constitucional. Algo que los especialistas llaman el "remedio de Saxbe" ilustra cómo funcionan los artilugios constitucionales. La Cláusula de Emolumentos de la Constitución dispone que "durante el periodo para el cual fue elegido [...] ningún Senador será nombrado en un cargo civil bajo la autoridad de

---

tantes después de completar su periodo como presidente. Más recientemente, el ex vicepresidente Walter Mondale se lanzó sin éxito como candidato al Senado, cuando fue incluido en la tarjeta electoral después de la muerte del Senador Paul Wellstone en un accidente aéreo poco antes del día de la elección.

los Estados Unidos [...] cuyos emolumentos se hayan incrementado durante ese tiempo". A primera vista, la Cláusula de Emolumentos significa que si el Congreso aumenta los salarios de los miembros del gabinete en 2003, un senador elegido en 2000 no puede asumir un cargo en el gabinete hasta que termine su periodo en 2007. La Cláusula de Emolumentos fue resultado de una combinación de preocupaciones: acerca de la posibilidad de que el presidente corrompiera a los miembros del Congreso obligándolos a intercambiar sus votos por un posible nombramiento en un nuevo cargo lucrativo, y acerca de la posibilidad de que los miembros del Congreso consideraran ventajosa la ampliación del tamaño del gobierno nacional creando cargos que ellos mismos podrían ocupar. Aunque usted piense que estos riesgos siguen siendo importantes, es bastante claro que la Cláusula de Emolumentos es hoy una débil restricción a la expansión de la corrupción y del gobierno. Y tiene algunos costos, pues niega al presidente la oportunidad de nombrar en el gabinete a personas que podrían ser las mejor calificadas para desempeñar esos cargos.

El remedio de Saxbe es la manera como hemos llegado a evadir la Cláusula de Emolumentos. Aunque se remonta al siglo XIX, recibió su nombre cuando el Presidente Richard Nixon tuvo que nombrar un fiscal general para restablecer la apariencia de regularidad en el Departamento de Justicia después de la Masacre de la Noche del Sábado. Ford creía que William Saxbe, en ese entonces senador, podía restablecer la confianza de los congresistas y del público en ese departamento.

El problema era que el salario del fiscal general se "había incrementado" durante el periodo de Saxbe como senador. Pero no hubo problema. El Congreso rápidamente aprobó una ley que reducía el salario del fiscal general al mismo nivel que tenía antes de que Saxbe se convirtiera en senador. La idea es que la Cláusula de Emolumentos no prohíbe que un senador asuma un cargo en el gabinete si el salario ha aumentado pero luego disminuido, dejando el salario "neto" igual que antes[5].

Pero "no hay problema" si usted ignora la Cláusula de Emolumentos o le da lo que muchas personas consideran una interpretación forzada. La dificultad es la frase "se hayan incrementado". La interpretación natural de esa frase es que se refiere a una acción que tuvo lugar en el pasado, no al salario neto resultante de un incremento seguido de una reducción. Los lingüistas dicen que ocasionalmente "se hayan" puede tomar lo que los abogados han empezado a llamar el significado de "promedio", y pueden tener razón. No obstante, muchas personas tienen la incómoda sensación de que el remedio de Saxbe no se ajusta bien al lenguaje de la Cláusula de Emolumentos. Pero a nadie le preocupa. Los constitucionalistas puntillosos podrían objetar que, adaptando el título de un artículo sobre el tema, Hillary Clinton es inconstitucional, pero incluso ellos no piensan que el uso de la Cláusula

---

[5] El remedio de Saxbe se usó recientemente para permitir que Hillary Clinton desempeñara el cargo de Secretaria de Estado.

de Emolumentos para impedir que ella desempeñe el cargo de Secretaria de Estado indica cuán bien diseñada está nuestra Constitución.

El remedio de Saxbe muestra cómo podemos evadir la Cláusula de Emolumentos. ¿Por qué lo usamos? La respuesta combina política y políticas. Las élites políticas, y quizá cualquiera que advierta el problema de la Cláusula de Emolumentos, no piensan que la Cláusula haga algo que hoy sea útil. Es decir, creen que una es falla de nuestro sistema constitucional. Y es importante que esa creencia sea compartida por todo el espectro político.

Más en general, los artilugios constitucionales son artilugios que nos permiten ignorar lo que hemos llegado a considerar como imperfecciones de nuestro sistema constitucional. Funcionan cuando la creencia en que algo es un desperfecto es generalizada y mantenida por un gran número de personas sin importar su afiliación partidista. Los artilugios también tienden a no tener efectos políticos obvios. A los presidentes conservadores y liberales les gusta el remedio de Saxbe, por ejemplo, porque les da otro instrumento para tratar problemas políticos. Pero decir que los artilugios no tienen efectos políticos obvios es otra manera de decir que son reformas de buen gobierno.

Con estos antecedentes, consideremos algunos artilugios constitucionales.

Una votación popular nacional para presidente. Suponga que usted piensa que nuestro método para elegir al presidente es defectuoso porque las eleccio-

nes indirectas que utilizan un colegio electoral dan
malos incentivos a los candidatos. Los estados más
pequeños tienen más votos en el colegio electoral de
los que corresponde a su población según algunas
teorías de la democracia. Los votos de los estados en
el colegio electoral se determinan sumando el número
de sus representantes en la Cámara de Representantes
(una cifra que es aproximadamente proporcional a la
población) y dos más para incluir a los senadores del
estado. Este último número distorsiona la propor-
cionalidad de la población. Por esto, los candidatos
a la presidencia deben dedicar algo más de tiempo a
hacer campaña en los estados más pequeños, y así lo
hacen. Más importante, por tradición aunque no por
ley constitucional o una ley nacional, toda la votación
electoral de un estado se asigna al candidato que gana
la pluralidad de la votación total en ese estado[6]. Esta
"regla de la unidad" significa que los candidatos a la
presidencia solo hacen campaña en estados que son
campos de batalla y no en los estados donde tienen
seguridad de ganar por una pluralidad debido a que
el tamaño del margen en los estados no competitivos
no importa. Pero esos estados que no son campo de
batalla –California, Texas, Nueva York y otros– son

[6] Como señalé en el primer capítulo, Nebraska y Maine asignan
los votos electorales a los ganadores en los distritos para la
cámara de cada Estado, y los dos votos adicionales van al ganador a nivel estatal. A consecuencia de ello, en las elecciones
presidenciales de 2008 Barack Obama ganó uno de los votos
electorales de Nebraska.

importantes para la nación, y tal vez sería una buena cosa si los candidatos a la presidencia diseñaran sus campañas prestando atención al tamaño de sus márgenes de ganancia o de pérdida en esos estados. La regla de la unidad hace posible que un candidato pueda llegar a ser presidente sin obtener más votos que el candidato perdedor, una posibilidad que se ha hecho realidad varias veces en nuestra historia[7].

Suponga que le parece una buena idea –para corregir una falla en el diseño de nuestra Constitución– asegurar que se convierta en presidente el candidato que gane más votos a escala nacional. Quizá el Congreso podría aprobar una ley que derogue la regla de la unidad, aunque se necesitarían enormes cantidades de razonamiento constitucional creativo para detectar en qué parte de la Constitución se da al Congreso la facultad para ello[8]. Quienes proponen la votación popular nacional para presidente idearon

---

[7] Sin embargo, no se debe dar excesiva importancia, por ejemplo, al hecho de que Al Gore obtuviera más votos que George W. Bush en la elección presidencial de 2000, porque los candidatos distribuyeron sus esfuerzos de campaña considerando la vigencia de la regla de la unidad. Si la regla vigente hubiese sido que el ganador era el que obtenía más votos en conjunto, los candidatos habrían orientado su campaña de manera diferente, y no podemos saber, por ejemplo, si la campaña de Bush habría estrechado su margen de pérdida en California lo suficiente para compensar el margen de Gore, cualquiera que hubiera sido, en Florida.

[8] La cláusula que da al Congreso la facultad para reglamentar el tiempo, el lugar y la forma de las elecciones solo se refiere a las elecciones al Congreso.

un artilugio. Los estados fijan las reglas para emitir votos electorales. Suponga que un grupo de estados con una votación mayoritaria en el colegio electoral aceptara que sus electores asignen sus votos al ganador en la votación popular nacional. Ese candidato recibiría entonces la mayoría de los votos electorales y se convertiría en presidente. El problema es lograr el acuerdo entre los estados. El artilugio es este: cada estado promulga una ley que exige que sus electores asignen sus votos al ganador en la votación popular nacional, dependiendo de la adopción de esa misma regla por otros estados que equivalgan a la mayoría de los votos en el colegio electoral.

¿Pueden realmente los estados eludir la regla de esa manera? A nivel político usted podría preocuparse por la disposición de los electores de California a asignar sus votos a un republicano que ganara la votación popular nacional pero perdiera la votación popular en California por un gran margen. Es una pregunta constitucional abierta si un estado puede "exigir" que sus electores hagan algo distinto de ejercer su buen juicio sobre quién debería ser presidente. La Constitución prohíbe que los estados hagan "pactos" entre sí sin consentimiento del Congreso. Tal vez una ley estatal que solo tenga efecto si otros estados hacen algo sea, de hecho, un pacto que requiere aprobación del Congreso. Pero no debemos preocuparnos por estos asuntos. Si los defensores de la votación popular nacional votaran y obtuvieran suficiente apoyo en suficientes legislaturas estatales, la presión para adoptarla –llámela "el remedio del

Colegio Electoral"– sería muy fuerte. Los defensores
del remedio presionarían al Congreso para que lo
aprobara como un pacto, y quizá una mayoría en el
Congreso estaría de acuerdo, en particular si, como
pienso que sucede, los efectos partidistas del remedio
son poco claros.

Periodos fijos de los magistrados de la Corte Suprema. La
idea de que las constituciones bien diseñadas tienen
disposiciones que facultan a las cortes independientes para determinar si la legislación es constitucional se ha difundido desde Estados Unidos a todo el
mundo. El diseño exacto de nuestra Corte Suprema
no las tiene. Casi todos los países que han llegado
al asunto del diseño nuevamente han rechazado el
sistema estadounidense del cargo vitalicio de los
magistrados de la Corte Constitucional, y han pre-
ferido periodos fijos relativamente largos y edades
de retiro obligatorias[9].

A Sabato y Levinson les gustaría cambiar nuestro sistema de cargos vitalicios. ¿Podemos eludir la
disposición expresa de la Constitución según la cual
los jueces "mantendrán su cargo mientras tengan
buen comportamiento?". Un grupo bipartidista de
académicos propuso un artilugio, que creían que

---

[9] La opinión de los diseñadores de otros sistemas es que periodos
de doce a quince años son relativamente adecuados, junto con
algunas reglas sobre la reelección (en general no permitida)
y el empleo después del retiro (para que los jueces no tomen
decisiones en función de sus posibilidades de empleo después
del retiro).

se podía adoptar por ley[10]. La idea básica es que la Constitución exige que un juez desempeñe el cargo de por vida, pero no que sea juez vitalicio en una Corte particular. Dicen entonces que podríamos establecer periodos limitados para los magistrados de la Corte Suprema diciendo que usted puede ser nominado y confirmado como miembro de la Corte Suprema, donde servirá durante dieciocho años. Después de eso seguirá siendo juez federal, pero en una corte de apelaciones o en una corte de distrito.

Por supuesto, podemos hacer cuestionamientos constitucionales a esta propuesta, y algunos de los que respaldan la idea de los límites a los periodos de los jueces piensan que se necesita una reforma constitucional. Una dificultad es que los jueces, en palabras de la Constitución, "mantendrán [...] cargos", y los presidentes tienen la facultad para "nominar [...] jueces de la Corte Suprema". Tal vez los jueces de la Corte Suprema son nominados y confirmados para un cargo particular. Otra dificultad es que doscientos años de tradición tienen que contar para algo. Una vez más, sin embargo, lo que aquí nos interesa son los méritos de estas objeciones constitucionales. La perspectiva política de la Constitución que he desarrollado en este libro sugiere de nuevo que los artilugios constitucionales funcionan –y se llegan a

---

[10] Debo señalar que estoy de acuerdo con la propuesta y en que puede ser adoptada por ley. Por razones accidentales no firmé la versión más reciente de la propuesta.

considerar constitucionalmente permisibles– cuando
tienen suficiente apoyo político. "Suficiente" significa
"mucho", pero menos del que se necesitaría para
reformar la Constitución.

   ¿Artilugios imposibles? Quizá no se tengan artilugios
para cada falla que usted –y muchas otras personas–
puedan encontrar en la Constitución inmodificable.
Sabato y Levinson saben bien que el principio de
representación en proporción a la población no se
cumple para el Senado, en el que los estados menos
poblados tienen los mismos dos votos que los estados más grandes (hoy Wyoming tiene la población
más pequeña). La Constitución dice incluso que no
podemos reformar la Constitución para cambiar eso.
El artículo V, que establece el procedimiento de reforma, dice: "ningún estado, sin su consentimiento, será
privado de su sufragio igual en el Senado". (Técni-
camente, podríamos reformar la Constitución para
dar a cada estado tres o cuatro senadores más, pero
eso no resolvería el problema que preocupa a Sabato
y Levinson.) He ocupado algún tiempo intentando
diseñar artilugios para este problema, si es que acaso
es un problema. Según la Constitución, "cada cámara puede determinar sus reglas de procedimiento".
Quizá la Cámara podría adoptar una regla que haga
imposible, sin consentimiento unánime o una fuerte
supermayoría, adoptar una propuesta y enviarla al
presidente a menos de que haya obtenido los votos de
los senadores que representen estados con la mayoría

de la población de la nación[11]. ¿Esto privaría a los estados más pequeños de su "sufragio igual"?

Pero algunas disposiciones no se pueden eludir. Posiblemente no podemos eludir las disposiciones constitucionales que establecen el número de años de mandato de nuestros funcionarios elegidos, limitando el número de periodos del presidente y no limitando el número de periodos de nuestros senadores y representantes.

Los artilugios constitucionales muestran que podemos lograr mucho si tenemos la voluntad política; incluida la fijación de límites efectivos al periodo de los senadores y representantes negándonos a reelegirlos. Mucho, pero no todo.

EL CAMBIO DE LA CONSTITUCIÓN
INMODIFICABLE: EL PROCESO

Sabato y Levinson señalan que la mejor y quizá la única manera de llevar a cabo sus sugerencias es por medio de una nueva asamblea constituyente. Su preocupación principal es que los legisladores elegidos

---

[11] Este artilugio evitaría la promulgación de leyes que no tengan en el Senado el apoyo exigido, pero no abordaría directamente la dificultad de conseguir que el Senado apruebe la legislación que favorecen los senadores de los estados que tienen la mayoría de la población de la nación. Pero podría haber algunos efectos indirectos, si los senadores de los estados grandes ajustan sus propuestas para obtener suficiente apoyo de los senadores de los estados más pequeños.

con las reglas actuales tengan pocos incentivos para apoyar las reformas propuestas. A veces porque los legisladores son los beneficiarios directos de esas reglas. Los miembros de la Cámara de Representantes elegidos en circunscripciones delimitadas por legislaturas estatales partidistas no sentirán mucho entusiasmo por establecer una comisión no partidista que trace las fronteras. Ello es así a veces, porque las reformas no son urgentes. Los congresistas podrían redactar una ley que aborde la mayoría de los problemas planteados por la posibilidad de que un gran número de funcionarios elegidos del gobierno pueda ser asesinado o incapacitado en un ataque terrorista en Washington, pero no lo han hecho aún porque el riesgo parece ser pequeño y porque creen que la energía política necesaria para promulgar dicha ley se debería usar en asuntos más urgentes[12].

Otra razón para buscar una Asamblea Constituyente es –¡ajá!– el procedimiento de reforma de la Constitución inmodificable. El artículo V, la disposición de reforma de la Constitución, establece diversos caminos para la reforma constitucional. El único que se ha usado es la propuesta de una enmienda por dos terceras partes de los votos en ambas cámaras del Congreso, seguida por la ratificación de tres

---

[12] Sabato y Levinson observan que en el Congreso se presentaron propuestas de ley pero que aún no han llegado a ninguna parte. Parte de la dificultad proviene del desacuerdo basado en principios sobre los detalles de la ley.

cuartos de los estados, bien sea en sus legislaturas o en convenciones especiales[13]. Estas exigencias son muy rigurosas. Es poco probable que los miembros del Congreso y de las legislaturas estatales que se benefician de las disposiciones inmodificables de la Constitución apoyen su enmienda a menos que haya un apoyo popular abrumador. Con un apoyo popular sustancial pero no abrumador –una sólida mayoría que en las teorías razonables de la democracia debería lograr su propósito– las propuestas de reforma morirán cuando avancen fatigosamente a lo largo del procedimiento usual de reforma.

Sabato y Levinson sugieren por consiguiente usar el otro proceso de reforma del Artículo V, el cual dice que el Congreso "convocará una Convención para proponer enmiendas" cuando las legislaturas de dos tercios de los estados lo soliciten. Los juristas y los políticos han hecho interesantes preguntas sobre este proceso: ¿Las solicitudes de los estados deben ser idénticas? (Probablemente no, siempre que sean razonablemente coherentes entre sí.) ¿Puede el Congreso tratar de limitar los temas que considerará la asamblea constituyente? (Puede intentarlo, pero es probable que la asamblea pueda proponer legítimamente enmiendas que vayan más allá de los límites fijados por el Congreso.) Aparte de estas preguntas, podríamos preguntarnos incluso si el proceso de

---

[13] El procedimiento de ratificación basado en convenciones solo se ha usado una vez, para revocar la prohibición.

convocatoria a una asamblea constituyente puede
romper la influencia de los partidos políticos en la
elaboración y la reforma de la Constitución. Las legislaturas controladas por esos partidos organizarán
las elecciones para la asamblea, fijarán las reglas de
la campaña y cosas similares.

Quizá un público enérgico pueda romper la influencia de los partidos. Es razonable pensar que
todas las propuestas de reforma que logren llegar
a una asamblea constituyente tengan más peso político del que tendría cada una como ley o incluso
como enmienda constitucional individual. Y podría
ser razonable pensar que una movilización popular
por una asamblea constituyente funcione tan fuera
de los partidos que la asamblea no sea dominada
por ellos.

Históricamente ha probado ser difícil conseguir
que el público se movilice por "simples" reformas
de buen gobierno como aquellas que se dirigen a las
disposiciones inmodificables de la Constitución. Los
políticos de los partidos mayoritarios tienen pocos
incentivos para que las reformas de buen gobierno
sean centrales en sus plataformas. Han llegado a sus
cargos usando los procesos vigentes, y como resultado
es probable que piensen que esos procesos ya son bastantes buenos. A los ciudadanos comunes –a quienes
describí como personas que piensan regularmente
que pierden en la contienda política ordinaria y en
la política constitucional– normalmente les importan más los resultados que el proceso. Alguien tiene
que enviarles un mensaje persuasivo complicado

de varias etapas: "Usted está perdiendo porque el sistema está en contra suya. En vez de dedicar sus energías políticas a cambiar los resultados que no le gustan, primero dedíquelas a cambiar la estructura política, y luego dedíquelas –o la energía política que aún le queda– a lograr los resultados que desea". Un votante podría pensar razonablemente que es más promisorio ir directamente al objetivo: los resultados políticos que prefiere.

Sin embargo, a veces se llevan a cabo reformas de buen gobierno. La era progresista en la historia de Estados Unidos –que para nuestros propósitos va de finales del siglo XIX hasta la década de 1920– vio cambios significativos en las reglas aparentemente inmodificables: los sistemas de servicio civil y similares basados en méritos sustituyeron a los sistemas clientelistas, la elección directa de los senadores sustituyó al nombramiento a cargo de las legislaturas estatales, la difusión de las primarias para seleccionar a los candidatos de los partidos a cargos nacionales, y otras más. El mecanismo del éxito progresista es revelador. Los reformadores del buen gobierno se organizaron como facciones dentro de los partidos existentes y, cuando no lograron éxito allí, crearon terceros partidos para presionar a los partidos mayoritarios[14]. Eventualmente, los líderes ambiciosos de

---

[14] Lo que he descrito se relaciona con la descripción de la forma en que los movimientos sociales afectan a la política constitucional, y quizá las movilizaciones por el buen gobierno también

los partidos mayoritarios entendieron que había un grupo de apoyo electoral dispuesto a ser seducido. Recomendaron incluir algunas propuestas progresistas en las plataformas de sus partidos, y esta vez tuvieron éxito, porque los reformadores habían demostrado por medio de sus esfuerzos en los terceros partidos que podían entregar los votos.

Si usted piensa que el sistema está en contra suya, entonces puede usar la política ordinaria, bien sea dentro de los partidos mayoritarios o fuera de ellos para eludir una buen parte de la Constitución inmodificable.

Conclusión

El análisis político que he esbozado en este libro es puramente descriptivo y, como señalé en la introducción, bastante convencional entre los constitucionalistas. La explicación descriptiva, sin embargo, nos puede dar algunas ideas acerca de cómo deberíamos actuar o quizá mejor cómo debería actuar usted, el lector no especialista. Ver a la Corte y a la Constitución en términos políticos las democratiza en gran medida. Los jueces y los abogados tienen que preocuparse por la doctrina: las pruebas de tres partes o las reglas

---

se deberían llamar movimientos sociales. Pero mi impresión es que los movimientos por el buen gobierno están ligados más estrechamente a los partidos, incluidos los terceros partidos, que los movimientos sociales discutidos en el segundo capítulo.

específicas, la comprensión original o el constitucionalismo viviente. Entender la doctrina toma tiempo y esfuerzo, algo de lo que muchos carecemos.

Aquí son valiosas las lecciones de las sesiones de confirmación del Senado. Los senadores tienen asesores que los preparan para hacer preguntas sobre las opiniones de un candidato acerca de los aspectos de la Constitución que les preocupan a ellos y a sus electores. Con toda justicia. La dificultad es que incluso con preparación para un desempeño que da alta visibilidad, los senadores casi de manera uniforme hacen un trabajo ridículo –desde el punto de vista de un especialista– en la descripción de las doctrinas constitucionales por las que preguntan. No los culpo por eso. Tienen muchas otras cosas en su mente: la legislación sobre cambio climático, la reforma del sistema de salud, el presupuesto federal y sus déficits. Pero lo que muestra el proceso de confirmación es que no deberíamos confiar en nuestros representantes elegidos –o en nosotros– para entender bien la Constitución desde el punto de vista doctrinal o del especialista.

La interpretación política de la Constitución que he presentado aquí no nos exige demasiado, en términos de lo que tenemos que saber sobre lo que la Corte Suprema ha dicho acerca de la Constitución y por qué importa en casos específicos. La lista de cosas que usted necesita saber –del presidente, de la naturaleza del régimen constitucional actual y de cosas por el estilo– no incluye nada de Derecho Constitucional ni de la ley. Si usted desea que la Constitución importe

de manera diferente no tiene que ir a la facultad de
derecho para que pueda argumentar ante la Corte
Suprema[15]. Todo lo que tiene que hacer es ser activo
políticamente. Busque un candidato a la presidencia
cuya visión general de lo que debe hacer el gobierno
sea aproximadamente similar a la suya, y haga lo que
haría normalmente para apoyar a ese candidato: hablar con sus amigos y vecinos, pararse en las esquinas
de las calles, aportar tiempo o dinero a la campaña
del candidato. Y si no puede encontrar un candidato
a la presidencia que le guste (o incluso si puede),
encuentre una asociación civil que esté tratando de
buscar apoyo para que a usted le importe mucho.
Haciendo eso usted es un ciudadano constitucional
ejemplar. Para adaptar una frase de Charles Darwin,
hay grandeza en esta visión de la Constitución.

---

[15] Aunque debo expresar mi admiración por el compromiso demostrado por Michael Newdow, un médico y abogado excéntrico
que se opuso sin éxito a la inclusión de las palabras "bajo Dios"
en el Juramento de Lealtad; admiración no por la posición que
tomó, sino porque insistió en argumentar su propio caso ante
la Corte Suprema.

FUENTES

Para una exposición más detallada del enfoque general que se adopta en este libro, ver Mark Tushnet, *The Constitution of the United States of America: A Contextual Analysis*, Oxford, Hart Publishing, 2009.

Introducción

Cita de Lincoln: George S. Boutwell, *Reminiscences of Sixty Years in Public Affairs*, New York, McClure, Phillips and Co., 1902, vol. 2, p. 29.

Constitución fuera de la Constitución: Ernest A. Young", "The Constitution Outside the Constitution", 117 *Yale Law Journal* 408, 2007. Existe una literatura relacionada con la Constitución fuera de las cortes. Para mi contribución, ver Mark Tushnet, *Taking the Constitution Away from the Courts*, Princeton, Princeton University Press, 1999.

Características que se dan por sentadas: una buena discusión es la de H. Jefferson Powell, *A Community Built on Words: The Constitution in History and Politics*, Chicago, University of Chicago Press, 2002.

Asuntos que más importan: Harris Poll, 23 de octubre de 2008, disponible en http://harrisinteractive.com/harris_poll/index.asp?PID=963; BBC *World News America*, The Harris Poll, Feb. 4, 2009, disponible en http://harrisinteractive.c0m/harris_p0ll/pubs/BBC_Harris_P0ll_2009_02_04.pdf. Para el examen más importante del tema desarrollado en estos párrafos, ver Frederick Schauer, "Foreword: The Courts Agenda – and the Nation's", 120 *Harvard Law Review* 4, Oct. 2006.

Admisibilidad del rumor: la referencia es *Boumediene v. Bush*, 553 U.S., 2008.

<small>C<small>APÍTULO</small> UNO</small>
<small>C<small>ÓMO IMPORTA LA</small> C<small>ONSTITUCIÓN</small></small>

Constitución "inmodificable": un importante trabajo reciente es el de Danford Levinson, *Our Undemocratic Constitution: Where the Constitution Goes Wrong (And How We the People Can Correct It)*, New York, Oxford University Press, 2006. Un trabajo relacionado es el de Larry Sabato, *A More Perfect Constitution: 23 Proposals to Revitalize our Constitution and Make America a Fairer Country*, New York, Walker, 2007.

Politólogos y gobierno dividido: la obra básica, cuyos detalles han sido cuestionados, es la de David Mayhew, *A More Perfect Constitution: 23 Proposals to Revitalize our Constitution and Make America a Fairer Country*, New York, Walker, 2007.

Administración presidencial: Elena Kagan, "Presidential Administration", 114 *Harvard Law Review* 2245, 2001.

Elección de 1800: una buena explicación de las dimensiones constitucionales de la elección presidencial de 1800 es la de Bruce Ackerman, *The Failure of the Founding Fathers: Jefferson, Marshall, and the Rise of Presidential Democracy*, Cambridge, Harvard University Press, 2005.

Corte Suprema y Cláusula de Garantías: *Luther v. Borden*, 48 U.S. (7 How.) 1, 1848.

Principios del régimen del New Deal/Great Society: para ensayos que describen estos principios, ver Sidney M. Milkis and Jerome M. Mileur, eds., *The Great Society and the High Tide of Liberalism*, Amherst, University of Massachusetts Press, 2005.

Skowronek: Stephen Skowronek, *The Politics Presidents Make: Presidential Leadership from John Adams to Bill Clinton*, Cambridge, Mass., Harvard University Press, 1993.

Actores, atletas y astronautas: David T. Canon, *Actors, Athletes, and Astronauts: Political Amateurs in the United States Congress*, Chicago, University of Chicago Press, 1990.

"Demasiado evidente": cita de *American Party of Texas v. White*, 415 U.S. 767, 1974.

Caso Anderson: Anderson v. Celebrezze, 460 U.S. 780,
1983.

Decisión de fusión: Timmons v. Twin Cities New Party,
520 U.S. 351, 1997.

Cita de Scalia: New York State Board of Elections v.
Lopez Torres, 552 U.S. 196, 2008.

Caso de la primaria cerrada de Connecticut: Tashjian
v. Republican Party of Connecticut, 479 U.S. 208,
1986.

Caso de la primaria "blanket" de California: California
Democratic Party v. Jones, 530 U.S. 567, 2000.

Burguer sobre las finanzas de las campañas: Buckley v.
Valeo, 424 U.S. 1, 1976.

Límites de las contribuciones a las campañas: tomado
de Campaign Finance Guide [http://www.campaig-
nfinanceguide.org/guide-38.html].

Caso de la publicidad de temas: Federal Election Comm'n
v. Wisconsin Right to Life, Inc., 551 U.S. 449, 2007.

Caso de apoyo expreso: Citizens United v. Federal Election Comm'n, 130 S. Ct., 2010.

Caso de la Enmienda de los Millonarios: Citizens United
v. Federal Election Comm'n, 130 S. Ct. 2010.

Capítulo dos
Cómo importa la Corte Suprema

Hamilton: *El federalista* 78.

Bickel: el argumento de Bickel, originalmente publicado en 1957, fue desarrollado en Alexander Bickel, *The Least Dangerous Branch: The Supreme Court at the Bar of Politics*, Indianapolis, Bobbs Merrill, 1962.

Powe: Lucas A. Powe, Jr., *The Warren Court and American Politics*, Cambridge, Mass., Harvard University Press, 2002. Más recientemente, Powe presentó una revisión de la historia de la Corte Suprema siguiendo el tema de que la Corte siempre ha sido instrumento de las élites gobernantes de la época. Lucas A. Powe, Jr., *The Supreme Court and the American Elite, 1789-2008*, Cambridge, Mass., Harvard University Press, 2009.

Académicos sobre *Brown:* Además de Powe, ver Michael Klarman, *From Jim Crow to Civil Rights: The Supreme Court and the Struggle for Racial Equality*, New York, Oxford University Press, 2004; y Barry Friedman, *The Will of the People: How Public Opinion Has Influenced the Supreme Court and Shaped the Meaning of the Constitution*, New York, Farrar, Straus and Giroux, 2009.

Política de nominaciones a la Corte Suprema: una buena fuente es David A. Yalof, *Pursuit of Justices: Presidential Politics and the Selection of Supreme Court Nominees*, Chicago, University of Chicago Press, 2001.

Brennan y las protestas: para una descripción de la
maniobra, ver Michael Klarman", "An Interpretive
History of Modern Equal Protection", 90 *Mich. L. Rev.*
213, 274-76, 1991.

La Revolución de Reagan y la Corte Suprema: el argumento aquí esbozado se desarrolla con más detalle en
Mark Tushnet, *A Court Divided: The Rehnquist Court
and the Future of Constitutional Law*, New York, W. W.
Norton, 2005.

Venta engañosa de temas: la percepción básica que aquí
se describe se presentó inicialmente en Mark Graber",
The Nonmajoritarian Difficulty: Legislative Deference
to the Judiciary," 7 *Studies in American Political Develo-
pment* 35 (1993). Se desarrolló en más detalle en Keith
Whittington, Keith Whittington, *Political Foundations
of Judicial Supremacy: The Presidency, the Supreme Court,
and Constitutional Leadership in U.S. History*, Princeton,
Princeton University Press, 2007.

Hughes sobre los bajos salarios como subsidio: *West
Coast Hotel Co. v. Parrish*, 300 U.S. 379, 1937.

Nota de Pie de Página Cuatro: *United States v. Carolene
Products Co.*, 304 U.S. 144, 1938.

"La Constitución es ciega a los colores": *Plessy v. Ferguson*,
163 U.S. 537, 1896.

Caso de integración voluntaria: *Parents Involved in Community Schools v. Seattle Sch. Dist. No. 1,*551 U.S. 701, 2007.

"Broma": *Bowers v. Hardwick,* 478 U.S. 186, 1986. Para una revisión general del tratamiento de la Corte Suprema a las reclamaciones de derechos de los gays, ver Joyce Murdoch y Deb Price, *Courting Justice: Gay Men and Lesbian versus the Supreme Court,* New York, Basic, 2001.

Casos posteriores de derechos de los gays: *Romer v. Evans,* 517 U.S. 620. 1996; *Lawrence v. Texas,* 539 U.S. 558, 2003.

Jeffries y Ryan: John C. Jeffries, Jr., y James Ryan, "A Political History of the Establishment Clause", 100 *Michigan Law Review* 279, 2001.

CAPÍTULO TRES
CÓMO HACER QUE LA CONSTITUCIÓN
IMPORTE MÁS, O DE MANERA DIFERENTE

Reafirmación de *Roe: Planned Parenthood of Southeastern Pa. v. Casey,* 505 U.S. 833, 1992, cita de las pp. 866-867.

Sabato y Levinson: Larry Sabato, *A More Perfect Constitution: 25 Proposals to Revitalize Our Constitution and Make America a Fairer Country,* New York, Walker, 2007; Sanford Levinson, *Our Undemocratic Constitution:*

Where the Constitution Goes Wrong (And How We the People Can Correct It), New York, Oxford University Press, 2006.

Artilugios constitucionales: para una discusión más detallada, ver Mark Tushnet, "Constitutional Workarounds", 67 *Texas Law Review* 1499, 2009.

Remedio de Saxbe: para una discusión, ver Michael Stokes Paulsen, "Is Lloyd Bentsen Unconstitutional?", 46 *Stanford Law Review* 907, 1994.

Límites judiciales al periodo: para la propuesta y algunas críticas, ver Roger C. Cramton y Paul D. Carrington, eds., *Reforming the Court: Term Limits for Supreme Court Justices*, Durham, N.C., Carolina Academic Press, 2006.

ÍNDICE

www.ingramcontent.com/pod-product-compliance
Lightning Source LLC
Chambersburg PA
CBHW021558210326
41599CB00010B/493